Ansha

Hexenküchenzauber

Die Küche im Jahreszyklus der weisen Frauen

LUDWIG

Inhalt

Die Zubereitung eines Omeletts ist ein magischer Akt. Wie er durchzuführen ist, lesen Sie im Kapitel »Was ist Magie?«.

Am Tag der Sommersonnenwende geht das Frühjahr in den Sommer über. Dieses magische Fest, das besonders in den skandinavischen Ländern groß gefeiert wird, ist auch der längste Tag des Jahres.

Die Bavarois mit Heidelbeeren ist ein kulinarisches Erlebnis. Genießen Sie! Heidelbeeren unterstützen darüber hinaus Liebe und Fruchtbarkeit.

Vorwort

»Schlangenfleisch vom Schwarzmoorteich
Koch im Kessel weiß und weich;
Aug vom Frosch, vom Molch der Kropf,
Flaum vom Kauz, vom Hund der Kopf,
Natternzungen, Blindschleichhaut;
Eidechsbein und Bilsenkraut ...
Drachenschuppen, Wolfeszahn,
Hexenmumie, Blut und Tran
Frisch vom Haifischbauch gedrückt;
Wurz vom Schierling, nachts gepflückt,
Leber, warm vom Lästerjud,
Geißengalle, Rattenblut,
Das im Finstermond gegorn;
Nas vom Türk, Tartarenohrn;
Hand vom Kind, erwürgt mit Schnur,
Dreckgeborn von einer Hur,
Macht die Brühe prächtig pur ...«

Die Hagazussa, die Zaunreiterin, war in Vorzeiten die weise Frau, die außerhalb der Hecken und dem Hag, der das Dorf umgab, in der Wildnis heilwirksame und schmackhafte Kräuter sammelte.

So hat sich Shakespeare in »Macbeth« (4. Akt, 1. Szene) den Hexensud vorgestellt. Es ist anzunehmen, dass der Dichter gewisse Vorurteile gegenüber den Hexen hegte, und ein klein wenig anders werden die Rezepte aussehen, die Sie in diesem Buch finden.

Wie wird man eine Küchenhexe?

Das gängige Hexenklischee sieht eine Warze auf der Hexennase, einen spitzen Hut, einen Besen sowie eine schwarze Katze vor, und in der Hexenküche brodeln Zaubertränke. Trennen Sie sich von dieser Vorstellung. Eine Hexe ist – und war vermutlich auch schon immer – eine ganz

4

normale Frau mit ein paar ganz normalen Grundsätzen und einem kleinen Geheimnis. Wie eben jede Frau. Manchmal sind jedoch bei ihr auch heute noch Hüte, Besen und eine (schwarze) Katze als Begleitung nicht auszuschließen.

Zu den Fähigkeiten einer Küchenhexe gehört neben der Kochkunst auch die Kenntnis verborgener Kräfte. Kurz, sie zaubert nicht nur ein Menü auf den Tisch, sondern hat auch noch andere Möglichkeiten, auf die Realität einzuwirken. Gemeinhin nennt man das Küchenmagie.

Magische Zutaten

Zum Zaubern braucht man Geräte. Allerdings keine Mikrowelle und keinen Tiefkühlschrank. Daher unterscheidet sich die Einrichtung der Hexenküche auch ein wenig von der üblichen Form der Einbauküche. Sie werden allerdings erstaunt sein, wie viel Hexenwerk Sie schon besitzen und tagtäglich anwenden. Schauen Sie beispielsweise einmal in Ihren Gewürzschrank, was sich da alles an Kräutern befindet. Man kann sie selbstverständlich zum Würzen verwenden, aber auch, um seine Wünsche zu unterstützen.

Viele Lebensmittel haben symbolische Bedeutung, die Ihnen bei kurzem Nachdenken darüber sofort einfallen. Süße, rote Herzkirschen stehen für die Liebe, Pilze sind schon immer mit Magie in Verbindung gebracht worden, Haselnüsse versprechen Weisheit, und Knoblauch gilt als wirksamer Schutz gegen Blut saugende Dämonen.

Oft stehen die symbolischen Kräfte der Lebensmittel, Kräuter und Gewürze auch durchaus mit ihrer heilkräftigen Wirkung in Verbindung, und dass Schokolade glücklich macht, ist in der Zwischenzeit sogar wissenschaftlich nachgewiesen. Aber nicht nur die materiellen Hilfsmittel finden Sie bereits in Ihrer Küche, auch Zauberkraft besitzen Sie selbst schon in ausreichendem Maße. Denn wenn Sie mit Lust und Liebe kochen, ist das die beste Voraussetzung für die erfolgreiche und wirkungsvolle Küchenmagie.

Was so alles in der Hexenküche vor sich geht, soll Ihnen in den nächsten Kapiteln verraten werden. Und nun viel Vergnügen beim magischen Wirken in der Küche, denn gutes Kochen ist keine Hexerei.

Die weise Frau war mit Tieren und Pflanzen in engstem Kontakt und beherrschte natürlich auch die Kochkünste.

Was ist Magie?

Magie, so sagt die Definition, ist die Kunst, willentlich das Bewusstsein zu verändern. Denn das Bewusstsein verändert die Realität. Betrachten Sie folgendes Beispiel:

Kräuteromelett

Ein Huhn hat zwei schöne, frische Eier gelegt. Eine Kuh hat Milch gegeben. Die Erde hat Salzkristalle entstehen lassen, und auf dem Kräuterbeet wachsen Kerbel, Schnittlauch und Petersilie. Und jetzt kommt der Auftritt der hungrigen Küchenhexe!

Zutaten pro Hexe

1 TL gehackte Petersilie • 1 TL Schnittlauchröllchen

1 TL gezupfter Kerbel • 2 Eier • 1 TL Sahne • 1 Prise Salz

1 TL Butter

Zubereitung

1 Die Kräuter waschen, trockentupfen und wiegen. **2** Eier mit Sahne, Salz und den Kräutern verrühren, so dass Eiweiß und Eigelb sich gerade eben vermischen. **3** In einer Pfanne die Butter erhitzen und die Eimasse hineingeben. **4** Stocken lassen, bis die Unterseite braun, die Oberseite jedoch noch weich ist. **5** Vorsichtig auf einen Teller gleiten lassen und in der Hälfte zusammenklappen.

Eingriff in die Realität

Hunger verändert ganz gewiss das Bewusstsein, und unter dem Hexenhut entsteht der Gedanke, diesen Hunger mit einem Kräuteromelett zu stillen. Die Hexe greift in die Realität ein. Das heißt, sie entwendet dem gackernden Huhn die beiden Eier, pflückt sich ein Kräutersträußchen, holt Milch und Butter aus der Vorratskammer und beginnt mit dem magischen Akt des Kochens. Sie greift zu den magischen Werkzeugen – mit

In der Alchemie wird das Ei mit der Materia Prima, der Ursubstanz, gleichgesetzt, aus der alles Leben entsteht.

dem Messer wiegt sie die Kräuter, mit dem Rührstab vermischt sie die Eier, in einer Pfanne brät sie die Masse und serviert sie dann auf einem angewärmten Teller. So sieht die äußere Seite der Dinge aus.

Die Hexe weiß aber auch um die innere Seite der Dinge: Das Ei ist das mystische Symbol der Schöpfung, Kerbel und Petersilie unterstützen den klaren Verstand und die Kommunikationsfähigkeit, Schnittlauch schließlich bringt Energie und Dynamik ins Spiel.

Wenn also die Hexe vorhat, ein Buch über die Magie des Kochens zu schreiben, und den Leserinnen die Geheimnisse der Hexenküche anvertrauen möchte, dann tut sie gut daran, ein Kräuteromelett zu verspeisen.

Der erste Grundsatz der Magie lautet: Seien Sie vorsichtig mit dem, was Sie sich wünschen – es könnte in Erfüllung gehen!

Wie wirkt Magie in der Küche?

Bevor Sie an der ganzen Sache zu zweifeln beginnen, ein Faktum: Magie funktioniert! Warum und wie genau, das ist wissenschaftlich natürlich nicht bewiesen. Es ist aber einfach so, dass die Ergebnisse überzeugen. Allerdings muss man bestimmte Regeln beachten, damit diese Ergebnisse auch dem entsprechen, was man sich gewünscht hat. Andernfalls kann man leicht eine unangenehme Überraschung erleben.

Das Ei symbolisiert die mystische Seite der Schöpfung. Es steht am Anfang jeder Entstehung.

7

Ganz wesentlich ist, dass Sie sich darüber klar sind, was Sie sich wünschen – denn es wird in Erfüllung gehen. Darum darf dabei niemandem geschadet werden, auch Ihnen selbst nicht. Wünschen Sie sich also nicht einfach nur das Zusammentreffen mit Ihrem Traummann, denn es könnte sehr buchstäblich eintreten, wenn Sie ihm zum Beispiel ins Auto fahren. Für eine glückliche Beziehung ist das sicher nicht der beste Start. Etwas genauer sollte der Wunsch also schon formuliert werden.

Analogien sind Entsprechungen, so wie etwa Rosen der Liebe entsprechen und Paprika Mut und Stärke verleiht.

Magische Kräfte beschwören

Magie arbeitet mit sehr wirksamen Kräften, sie aktiviert Liebe, Erfolg, mediale Fähigkeiten, Gesundheit, Schutz, Frieden und vieles andere mehr. Die Lehre der Analogien sagt Ihnen, welche Substanzen diese Kräfte unterstützen. Sehr viele davon haben Bedeutung in der Küche. Wenn Sie beispielsweise einen Erfolgszauber wirken wollen, würzen Sie sowohl den Zauber als auch die Speise mit Salbei.

Aber das Gewürz alleine ist es noch nicht, Sie selbst müssen Ihre Energie mit einbringen, indem Sie sich vorstellen, wie das Gericht mit Ihrem Wunsch aufgeladen wird. Dieser Vorgang wird Visualisierung genannt und bedeutet, dass Sie sich während des Kochens ganz genau ausmalen, wie der *erfüllte* Wunsch aussieht.

Gerade monotone Arbeiten, wie sie beim Zubereiten von Mahlzeiten immer wieder notwendig sind, unterstützen diese Vorstellungskraft. Beim Kartoffelschälen und Gemüseputzen, vor allem aber beim Rühren gerät man sehr einfach in den leichten Trancezustand, der für das Zaubern beinahe unabdingbar ist. Es hilft dabei sehr, den Wunsch in Form eines gereimten Zauberspruches vor sich hin zu singen, denn rhythmische Verse und Gesang aktivieren besonders stark die magischen Kräfte. Wenn Sie nicht besonders gut singen können und Ihre Stimme eher zur Belästigung der Umwelt als zu deren Bezauberung beiträgt, dann murmeln Sie den Spruch leise vor sich hin, oder sagen Sie ihn in Gedanken auf. Ist das Gericht fertig, binden Sie den Zauber, indem Sie ihn aufessen. Dabei sollten Sie sich auch bei der Mahlzeit vorstellen, wie die magische Energie nun in Sie hineinfließt und in Ihrem Inneren zu wirken beginnt.

Um mit den Geheimnissen der magischen Küche vertraut zu werden, empfiehlt es sich, mit der Zubereitung eines Omeletts zu beginnen.

Erwarten Sie jetzt nicht, dass sich der Wunsch innerhalb kürzester Zeit mit Blitz und Donner erfüllt, Magie geht ihre eigenen Wege. Aber sie geht sie bis zur Erfüllung – und zwar unerbittlich!

Beobachten Sie die Vorgänge, die Ihnen nun begegnen. Auf jeden Fall müssen Sie in der darauf folgenden Zeit ständig damit rechnen, dass Ihnen seltsame Zufälle passieren. Sehr hilfreich ist es auch, wenn Sie sich mit Ihren Träumen auseinander setzen. Viele Lösungen kündigen sich in diesen nächtlichen »Filmen« an.

So einfach ist das. Welche weiteren unterstützenden Rituale es dazu gibt, erfahren Sie in den nächsten Kapiteln.

Die Grundsätze einer Küchenhexe

Hexen hexen, und wie sie dabei vorgehen, das haben Sie soeben erfahren. Aber ein paar Worte zum Hexenwesen im Allgemeinen sind sicher notwendig, um Ihnen die Hintergründe und die Gedankenwelt des magischen Kochens zu erhellen.

Sie leiten Ihre Kraft nur in die Zutaten, die helfen sollen, Ihren Wunsch zu erfüllen, alle anderen Bestandteile bleiben magisch neutral.

9

Schnellkurs im Zaubern

Sieben Stufen sind zu beachten, wenn Sie Küchenmagie betreiben:

● Als Erstes müssen Sie wissen, was Sie erreichen wollen.

● Sie suchen sich die Hilfsmittel und Zutaten zusammen, die diesen Wunsch unterstützen. Dazu finden Sie am Ende des Buches Tabellen.

● Sie stellen sich das Ergebnis des Zaubers in möglichst allen positiven Eigenschaften so vor, als wäre das Ereignis schon eingetreten.

● Sie visualisieren, wie die magische Kraft der Zutaten beim Zubereiten in Ihre Mahlzeit einfließt.

● Sie können einen kleinen gereimten Zauberspruch beim Kochen singen, das unterstützt den Zauber. Aber Sie können auch schweigend kochen und nur die Vorstellung von den Kräften aufrechterhalten.

● Sie verinnerlichen den Zauber, indem Sie die Mahlzeit essen.

Die Einheit des Lebendigen

Was alle Hexen gemeinsam haben, ist das Wissen um die komplexen Zusammenhänge im Gewebe des Lebens. Dieses tiefe Wissen basiert auf eingehender Beobachtung, Intuition und tiefen Erkenntnissen. Es wurzelt weit zurück in der Morgendämmerung der Menschheit, doch es lebt und erweitert sich beständig. Es ist das Wissen darum, dass alle Teile der Schöpfung durch ein feines Netz der Schwingungen miteinander verbunden sind und dass der richtige Einsatz dieser Verbindungen Magie bewirkt.

Die jahrtausendelange Beobachtung der Natur, die Notwendigkeit, Nahrung zuzubereiten, Heilmittel anzuwenden, Schutz und Kraft, Liebe und Glück, Frieden und Erkenntnis zu erreichen, hat dazu geführt, die magischen Kräfte in der Natur zu nutzen. Es entstanden langsam immer mehr Kenntnisse darüber, welche Substanzen nicht nur äußere Wirkungen zeigen, sondern auch auf der feinstofflichen, der magischen Ebene Resultate erzielen. Der beweisorientierten Wissenschaft entzieht sich dieses Wissen – noch. Darum wird heute eine Frau, die sich mit Magie beschäftigt, oft belächelt. Zum Glück wird sie aber nicht mehr auf den Scheiterhaufen geschickt. Neben dem »Was« und dem »Wie« der Küchen-

Inzwischen ist es auch den Naturwissenschaften gelungen, sich mit der Vorstellung eines allumfassenden Lebens anzufreunden – erste Ansätze zur Ökologie sind daraus erwachsen.

magie gehört zu dem geheimen Wissen aber auch noch das »Wann«. Kräuter, Früchte, Fleisch und Gewürze wirken unterschiedlich stark, denn »ein jedes Ding hat seine Zeit«.

Alles zu seiner Jahreszeit

Schon unermesslich lange tanzt unsere Erde um die Sonne und lässt die Jahreszeiten kommen und gehen. Um uns herum kreist der Mond, der die Gezeiten bestimmt, nicht nur die Wassermassen der Meere, sondern auch die winzigen Wassermengen in den Zellen aller Lebewesen.

Die beste Zeit der Ernte ist dann gegeben, wenn die Wirkstoffe stark konzentriert sind, und versierte Kräuterhexen richten sich in diesem Fall stark nach dem Mond. Sie müssen natürlich nicht akribisch genau auf den Mondkalender schauen, wenn Sie Ihre Tomaten ernten wollen, aber grundsätzlich können Sie sich die Faustregel merken: Bei abnehmendem Mond ziehen die Säfte zur Wurzel, bei zunehmendem Mond steigen sie in die oberirdischen Pflanzenteile. Der Vollmond steht für Mehrung und Wachstum, der dunkle Mond für Schutz und Bann.

Es lohnt sich, einen Blick in die detaillierte Literatur zum Leben mit dem Mond zu werfen, vor allem, wenn Sie selbst Kräuter, Obst und Gemüse anbauen oder sammeln wollen.

Charakteristisch für die magische Küche ist die Verwendung der Lebensmittel und Früchte, die die Natur zu der jeweiligen Jahreszeit hergibt.

11

Die Jahreszeiten

Die Wanderung der Erde um die Sonne verursacht die unterschiedlichen Jahreszeiten, und für die meisten Pflanzen gilt, dass sie im Frühjahr gesät werden und keimen, im Sommer reifen, im Herbst geerntet werden und im Winter ruhen. Dies ist der Rhythmus des Lebens, und er wirkt sich, auch wenn wir es mit unseren vollen Terminkalendern nicht wahrhaben wollen, auch auf uns aus.

Hexen richten sich nach diesem Lebensrhythmus, und darum gibt es in der Hexenküche keinen frischen Spargel zur Wintersonnenwende und keine Pfifferlinge im Frühling.

Die größte magische Kraft und die gesündesten Wirkstoffe haben frische Waren, nicht solche, die durch künstliche Konservierungsstoffe, lange Transporte, Einschweißen in Folien oder Einfrieren haltbar gemacht wurden. Natürlich müssen wir Lebensmittel haltbar machen, um Vorräte in der kalten Jahreszeit zu haben. Aber ist es wirklich notwendig, australische Erdbeeren im Winter zu essen?

Auf die Jagd und in die Wildnis zum Sammeln von Früchten und Gräsern muss heute niemand mehr gehen, zumindest in der westlichen Welt. Aber die Jagd nach den gesündesten, ökologisch vertretbar produzierten Nahrungsmitteln spornt uns an.

Einkauf – Jagd und Ernte

Wir haben es leicht – im Gegensatz zu den Köchinnen der Vorzeit. Wir haben Lebensmittelläden und Märkte überall in leicht erreichbarer Nähe. Jagd und Ernte spielen sich im Supermarkt ab, nur noch selten in Gärten oder in der freien Natur.

Frische aus der Natur

Trotzdem – nehmen Sie dieses Buch einmal als Anregung, mit den jahreszeitlich aktuellen Produkten zu kochen. Und zu zaubern.

Die Vielfalt der Möglichkeiten ist nahezu unerschöpflich: Es gibt Bauernmärkte oder Bauernhöfe, die ihre Waren anbieten, Sie können durch die Wälder und Wiesen streifen, um Beeren und Pilze zu sammeln, und Sie können, wenn Sie die Möglichkeit dazu haben, in Ihrem Garten Obst und Gemüse anpflanzen. Auch wenn Sie keinen eigenen Garten haben

Wenn Sie Fleisch essen, achten Sie beim Kauf bitte auf artgerechte Tier-haltung.

– zumindest einige Töpfe mit verschiedenen Küchenkräutern können Sie auf der Fensterbank ziehen, um Ihren Gerichten die nötige Portion Frische zu verleihen.

Artgerechte Tierhaltung

Vom Jagen sollten Sie, sofern Sie nicht professionell dazu ausgebildet sind, besser Abstand nehmen. Aber Sie könnten zumindest beim Ein-kauf darauf achten, dass Sie Fleisch von artgerecht gehaltenen Tieren be-kommen. Wenn niemand mehr Hühner aus der Massentierhaltung nach-fragt, dann wird diese Industrie auch langsam verschwinden. Das Käuferverhalten beeinflusst die Produktionsbedingungen meist nachhal-tiger als alle schwer zu kontrollierenden Verbote. Den Hexen ist das Le-ben heilig, und manche von ihnen sind aus diesem Grund Vegetarierin-nen. Es ist aber keine Bedingung für magische Handlungen. Wir Menschen sind nun einmal »Allesfresser« und brauchen auch unseren Anteil an tierischem Eiweiß. Trotzdem sollte man bewusst und nicht nachlässig mit Fleischwaren umgehen.

Eine prominente zeit-genössische Hexe hat erklärt, sie esse nur Fleisch von Tieren, die sie selbst auch in der Lage ist zu töten. Kein schlechter Grundsatz!

13

Und ich empfehle jeder angehenden Küchenhexe, wenigstens einmal ein Huhn oder einen Fisch selbst auszunehmen. Es ist eine sehr lehrreiche Tätigkeit, die die oft gleichgültige und gedankenlose Einstellung zum Lebensmittel Fleisch merklich verändert.

Magische Küchenwerkzeuge und ihre Bedeutung

Die vier Elemente Feuer, Wasser, Erde und Luft sind die Grundlage vieler magischer Handlungen und bilden die Existenz unseres Seins.

Sowohl für das Kochen als auch für die magische Arbeit braucht man Werkzeuge. Es wird Sie nicht überraschen, dass sich diese Utensilien erstaunlich gleichen.

Kessel, Teller, Messer, Stab

Der Hexenkessel ist Ihnen bestens bekannt. Das klassische Bild sieht hier einen großen Kupferkessel oder gar ein schwarzes Gusseisenungetüm vor, das über einem rauchenden Holzfeuer im Kamin hängt. In ihm hat allerlei Geheimnisvolles, oft auch Widerwärtiges, wie anfangs zitiert, zu brodeln. Der Zauberstab ist Ihnen auch noch geläufig, ihn schwingt die Klischeehexe über dem garstigen Gebräu im Kessel. Doch Dolch und Scheibe hat dieser Medienabklatsch einer weisen Frau selten dabei. Schauen wir etwas tiefer in die magische Welt, finden wir bei allen Zauberkundigen diese vier Gegenstände. Und sie heißen dort Kelch, Schwert, Stab und Scheibe. In der Küche heißen sie Topf, Messer, Rührstab und Teller. Diese vier Werkzeuge haben tiefe Bedeutung, denn sie stehen für die vier Elemente, die seit alters her als Grundlagen des Lebens betrachtet werden, für Wasser, Luft, Feuer und Erde.

Der Jahreskreis der Hexen

Damit sind wir wieder bei der Hexenkunde angelangt. Hexen haben eine gemeinsame Tradition, die weit in die Vergangenheit zurückreicht. Im magischen Weltbild spielen die Jahreszeiten und die vier Elemente eine entscheidende Bedeutung. Den vier Elementen sind die vier Himmelsrichtungen und die vier Jahreszeiten zugeordnet:

- die Luft dem Osten, dem Frühjahr und dem Verstand
- das Feuer dem Süden, dem Sommer und der Willenskraft
- das Wasser dem Westen, dem Herbst und der Intuition
- die Erde dem Norden, dem Winter und der Tatkraft.

Jede Jahreszeit beginnt mit einem bestimmten Sonnenstand: das Frühjahr mit der Tagundnachtgleiche, dem Äquinox am 21. März, der Sommer mit der Sommersonnenwende am 21. Juni, der Herbst mit dem Äquinox am 23. September und der Winter mit der Sonnenwende am 21. Dezember.

Magische Feste

Und weil Hexen wie alle anderen Menschen gerne feiern, sind diese Daten eine Zeit der Feste. Feiertage sind zudem die genau zwischen den vier Kardinalpunkten liegenden Tage. Diese »Kreuzvierteltage« aus der keltischen Tradition heißen Beltane am 1. Mai, Lammas oder Schnitterfest am 1. August, Samhain oder Halloween am 1. November und Imbolc am 2. Februar. Magische Feste sind immer ein Anlass, ein wirklich gutes Essen zu kochen – und natürlich auch, um Zauber zu wirken. Begleiten wir nun die Küchenhexe durch ihren Jahreskreis.

Die Nacht vor dem 1. Mai, vor Beltane, ist gemeinhin unter dem Namen Walpurgisnacht bekannt. In dieser Nacht tanzen die Hexen auf dem Blocksberg.

Halloween ist eines der magischen Feste im Jahreskreis. Vor allem Kinder lieben das schaurig-schöne Fest der Kürbisse und Masken.

15

Meditation über das Küchenmesser

Beginnen wir den magischen Kreis im Osten, im Frühjahr. Dem Frühling ist das Element Luft und damit das Schwert zugeordnet. Da Hexen praktische Ansichten haben, benutzen sie in der Küche nicht den Bihander, um die Zwiebeln zu hacken, sondern ein scharfes Gemüsemesser. An dieser Stelle werden die traditionellen (zumeist männlichen) Magier gequält aufheulen und von Entweihung sprechen. Doch wie gesagt, Hexen sind pragmatisch, und die heiligen Insignien dürfen auch bei der täglichen Arbeit eingesetzt werden. Denn wenn sie bewusst und mit Liebe ausgeführt wird, ist jede Arbeit, und sei sie noch so alltäglich, ein heiliger Akt. In der Kochkunst schneidet man mit dem Messer Lebensmittel klein, in der Magie zieht man den magischen Kreis mit ihm.

Der Bihander ist ein langes mittelalterliches Schwert, das nur mit beiden Händen geführt werden kann und gerne von Magiern verwendet wird, die damit die Götter beeindrucken wollen.

Der magische Kreis

Der magische Kreis grenzt den Wirkungsbereich der Hexe gegen den Rest der Welt ab, so dass sie unbehelligt von äußeren Störungen ihren Zauber weben kann. Um diesen Kreis zu ziehen, gehen Sie wie im Folgenden beschrieben vor:

● Stellen Sie sich mit dem Gesicht nach Osten, heben Sie Ihr Messer, und grüßen Sie die Kräfte der Luft. Senken Sie die Messerspitze nach unten, und drehen Sie sich nach Süden, also nach rechts im Uhrzeigersinn.

● Grüßen Sie die Kräfte des Feuers mit erhobenem Messer.

● Drehen Sie sich weiter nach Westen und dann nach Norden, also wieder im Uhrzeigersinn nach rechts.

Jetzt haben Sie einen vollständigen Kreis um sich gezogen, aus dem Ihre magische Energie nicht entweichen kann, sondern auf Ihre Tätigkeit konzentriert bleibt.

Das Schwert – Osten, Frühling, Luft, Verstand

Küchenmesser müssen scharf sein. RICHTIG scharf. Nichts ist entnervender, als mit einem stumpfen Messer Tomaten zu zerkleinern. Mehr als drei Messer braucht man nicht, darum sollten diese von guter Qualität sein. Ein kleines Gemüsemesser ist wichtig für Feinarbeiten, ein größeres Kochmesser erledigt den groben Rest. Ein Brotmesser mit gewellter Klinge ergänzt das Sortiment. Wählen Sie, welches Ihr magisches Messer sein soll. Meines ist das Gemüsemesser. Es hat drei Francs (ca. 1 DM) auf einem französischen Markt gekostet, ist nicht verchromt und rostet still vergnügt vor sich hin. Aber es lässt sich schleifen. Notfalls an der steinernen Fensterbank. Und es ist dämonisch scharf.

Das Messer (oder Schwert) ist das Symbol des scharfen Verstandes. Und den braucht man sowohl beim Kochen als auch in der Magie. Als Erstes muss man wissen, was man will – das gilt in der Küche genauso wie für das Zaubern. Wenn man sich ein Menü oder Gericht ausgedacht hat, kann man die Zutaten besorgen. Wenn man weiß, welchen Zauber man ausführen will, kann man die Zutaten auswählen.

Köche und Magier richten ihren Arbeitsplatz ein, bevor sie mit ihrer Tätigkeit beginnen. Für den Magier befindet sich dieser Platz innerhalb des magischen Kreises.

Mit dem Messer wird der so genannte magische Kreis gezogen, mit dem man sich gegen störende Einflüsse von außen abgrenzen kann.

Sie erinnern sich noch an den Schnellkurs im Zaubern? Der erste und wichtigste Schritt ist, sich darüber klar zu werden, was man mit seinem Wunsch erreichen will.

Frühlingsäquinox

Der Frühling ist die Zeit der Aussaat und der ersten Triebe. Die Natur schüttelt die Winterruhe ab, die ersten Knospen brechen auf, die Sonne gewinnt an Kraft. Verheißung liegt in der Luft. Die Göttin tanzt in der Gestalt eines jungen Mädchens bekränzt mit weißen Blumen, der junge Gott wird zum Krieger, der auszieht, seine Aufgaben zu lösen. Die Hasen werfen ihre zahlreichen Jungen, was ihnen den verdienten Ruf großer Fruchtbarkeit eingebracht hat. Es ist die Zeit der Neuanfänge und der Beginn des Wachstums.

Alte heidnische Feste haben die christlichen Missionare (häufig unter Zuhilfenahme eines Schwertes) zu kirchlichen Festen zurechtgestutzt, und der Frühlingsanfang ist so zum beweglichen Osterfest geworden. Es ist den Herren Bekehrern zum Glück jedoch nicht gelungen, dem Frühlingsfest das Ei und den Hasen zu nehmen, auch wenn eine zoologisch eigenwillige Mutation daraus entstanden ist, wenn heutzutage der Osterhase bunte Eier legt.

Wenn Sie genau hinsehen, finden Sie den Hasen, das Symbol der Göttin des Frühlings, auch im Mond – er ist ebenfalls ein Sinnbild der Göttin.

Magische Bedeutung des Eis

Wann immer Sie Fruchtbarkeit, Schöpfungskraft, Schutz und Heilung herbeizaubern wollen, sollten Sie ein oder mehrere Eier einsetzen.

Eier dienen auch als Opfergabe an die göttlichen Kräfte, die angerufen werden, um ihre Kraft dem Zauber zu leihen. Behandeln Sie Eier mit der ihnen gebührenden Achtung. Vermeiden Sie solche, die aus Legebatterien stammen. Stellen Sie sich nur einmal vor, mit welchen Gefühlen der bedauernswerten Kreaturen diese Eier belastet sind. Ich möchte mit solchen fragwürdigen Produkten keinen Zauber für mich wirken.

Die magischen Kräfte des Eis können sich nur entfalten, wenn die Hühner artgemäß gehalten werden. Mit dem Ei können Sie u. a. Fruchtbarkeit, Schutz und Heilung »herbeizaubern«.

Versuchen Sie, wenn möglich, frische Eier von frei herumlaufenden Hühnern zu bekommen. Die sind nicht nur magisch wirkungsvoller, sie schmecken auch besser. Und selbstverständlich werden hart gekochte Eier rot gefärbt, denn Rot ist die Farbe der Fruchtbarkeit.

Eier sind natürlich die dem Frühlingsfest angemessenen Lebensmittel, darum folgen hier auch ein paar Eierrezepte. März und April ist auch die Zeit, in der nicht nur das erste Grün auf den Wiesen erscheint, sondern auch die Lämmer. Beides kann in der Hexenküche verwertet werden.

Noch einen Hinweis zur magischen Bedeutung der Rezepte: Basierend auf den wesentlichen Bestandteilen ist jeweils ihre magische Grundbedeutung angegeben. Aber die eigentliche Küchenhexe sind Sie. Wenn Ihnen ein Gewürz oder eine Zutat nicht zur Hand ist oder Sie den Geschmack absolut nicht mögen, wählen Sie einen Ersatz, der Ihnen besser mundet. Welche der angegebenen Ingredienzien zur Unterstützung Ihres Wunsches magisch aufgeladen werden sollen, bleibt ebenfalls Ihnen überlassen, denn nur Sie wissen ja, was Sie zaubern wollen. Die nicht aufgeladenen Zutaten bleiben in dem Gericht magisch wirkungslos, jedoch nicht geschmacklos. Weißes Mehl hat im Übrigen keinerlei magische Kräfte mehr, dazu ist es zu stark künstlich aufbereitet.

Übrigens: Braune Eier schmecken nicht anders als weiße Eier, Sie können also getrost beide Sorten verwenden. Hauptsache, sie sind frisch und von artgerecht gehaltenen Hühnern.

19

Rezepte

Blechkartoffeln mit Eierdip

Ein die Harmonie förderndes Essen erhalten Sie mit diesem Gericht. Zaubern Sie es immer dann auf den Tisch, wenn Sie einer Verstimmung ein Ende bereiten wollen, wenn Sie sich Geduld und Verständnis für jemanden oder von einem Menschen wünschen, denn Kartoffeln fördern diese ausgleichenden Gefühle.

Zutaten

500 g Kartoffeln • 2 EL Öl • Salz • Salbeiblätter • 3 Eier
1 Gewürzgurke • 1 Zwiebel • 2–3 EL Sahne
Salz und frisch gemahlener Pfeffer

Zubereitung

1 Kartoffeln unter fließendem Wasser abbürsten. Halbieren und die Oberseite mit einem scharfen Messer kreuzweise einritzen. **2** Ein Backblech mit Öl bestreichen und Salz darüber streuen. **3** So viele Salbeiblätter in das Öl legen, wie Sie Kartoffelhälften haben, und auf jedes Blättchen eine Kartoffel mit der Schnittseite nach unten legen. **4** Mit einem Pinsel die Kartoffeln mit dem gesalzenen Öl bestreichen. **5** Das Blech in den vorgeheizten Ofen schieben und bei 220 °C etwa 30 Minuten backen. **6** Für den Eierdip die Eier hart kochen. **7** Gewürzgurke und Zwiebel sehr fein hacken. **8** Die erkalteten Eier pellen, das Weiße sehr klein hacken, das Eigelb zerdrücken. Mit den Zwiebel- und Gurkenwürfelchen und der Sahne mischen, salzen, pfeffern und zu einer Paste verrühren. **9** Zu den heißen Kartoffeln reichen.

Variation

Mit verschiedenen Gewürzen können Sie den Zauber abwandeln. Statt Salbei können Sie auch andere Gewürze oder Kräuter auf das Blech unter die Kartoffeln streuen, je nach Zauber, den Sie wirken wollen: Sesam für Erfolg, Lavendel für klaren Verstand, Rosmarin für Gesundheit und Kümmel für Geld.

Falls nicht anders angemerkt, machen alle folgenden Rezepte zwei hungrige Hexen satt.

Mayonnaise

Mayonnaise muss nicht aus der Tube kommen! Man kann sie auch gut selbst machen – und das ist gar nicht so schwierig. Ihre Grundlage sind Eier, aber man kann sie mit diversen Beigaben wunderbar variieren – sowohl vom Geschmack her als auch von den magischen Eigenschaften. Eines ist zum Gelingen aber ganz wichtig: Das Öl und die Eier müssen Zimmertemperatur haben, sonst verbinden sich die beiden Zutaten nicht geschmeidig miteinander.

Zutaten
2–3 Eigelbe • 1 TL Salz • 1 EL Essig • 250 ml geschmacks-neutrales Öl

Zubereitung
1 Eigelbe, Salz und Essig mit dem Schneebesen schaumig rühren.
2 Das Öl tropfenweise zugeben und weiter kräftig rühren, damit sich Ei und Öl miteinander verbinden.

Variation
Diese Grundform der Mayonnaise können Sie ergänzen durch Zugabe von verschiedenen Kräutern und Gewürzen – je nach Geschmack oder magischem Anlass

● mit Meerrettich für Reinigung
● mit Curry für Erfolg
● mit Senf für Schutz
● mit Petersilie und Schnittlauch für Leidenschaft und Energie
● mit Kerbel für klaren Verstand
● mit Oliven für Gesundheit und Frieden.

Probieren Sie nach Belieben Kräuter und Gewürze aus, um der Mayonnaise Ihr eigenes Aroma zu geben. Eine besondere, exotisch schmeckende Köstlichkeit gelingt Ihnen, wenn Sie frische Fruchtpürees unter das Grundrezept mischen. Die Mayonnaisen können zu Salaten, Fleischspeisen oder als Dip gereicht werden. Sie sind auch eine raffinierte Ergänzung zu Häppchen am kalten Buffet.

Kalorienärmer und leichter bekömmlich wird die Mayonnaise, wenn Sie einen Teil des Öls durch Joghurt ersetzen.

Crêpes

Wie bei der Mayonnaise haben Sie bei diesem Gericht die Möglichkeit, über die Füllung der Crêpes unterschiedliche magische Akzente zu setzen. Das Grundrezept unterstützt die Harmonie und die Kreativität.

Beim Füllen der Crêpes haben Sie die große Auswahl, süß, sauer, pikant oder magisch angereichert.

Zutaten für den Grundteig

1 1/2 Tassen Mehl • 2 Eier • 1/4 l Milch • 1 Prise Salz
Butter zum Braten

Zubereitung

1 Mehl, Eier, Milch und Salz zu einem glatten Teig verrühren, eine halbe Stunde ruhen lassen. **2** Butter in einer Pfanne schmelzen und dünne Crêpes darin backen. **3** Im Backofen warm halten.

Variation

Crêpes können herzhaft oder süß gefüllt werden. Zum Beispiel mit

- gedünsteten Tomaten mit Basilikum für Geld und Liebe
- gebratenen Champignons mit Petersilie für mediale Fähigkeiten
- Honig und Zitronensaft für Gesundheit und Reinigung
- Brombeergelee für Geld
- Vanilleeis für Liebe.

Variieren Sie mit der Füllung der Crêpes je nach Ihrem momentanen Wunsch und Bedürfnis.

Nudeln

Nudeln, selbst gemacht, unterstützen jeden Kreativitätszauber. Kneten als monotone Küchenarbeit fördert das magische Denken und versetzt Sie in eine wünschenswerte leichte Trance. Noch einen weiteren Vorteil haben selbst gemachte Nudeln – Sie können den Teig in symbolische Formen schneiden: Herzen für Liebe, Pentagramme zum Schutz, Halbmonde für mediale Fähigkeiten oder, wenn Sie sich mit den nordischen Geheimnissen der Magie auskennen, auch in Runenform.

Zutaten

4 Eier • 1/2 TL Salz • 1–2 EL Öl • 400 g Mehl

etwas Butter

Zubereitung

1 Eier mit Salz und Öl vermischen und etwas Mehl hinzugeben. Einen dünnflüssigen Teig herstellen. **2** Das restliche Mehl in eine Schüssel geben und die Eiermasse nach und nach hinzugeben, gut verkneten. Der Teig muss eine glatte, glänzende Kugel ergeben. **3** In ein feuchtes Handtuch wickeln und mindestens 30 Minuten ruhen lassen. **4** Wenn Sie eine Nudelmaschine haben, tritt diese jetzt in Aktion, wenn nicht, rollen Sie den Teig auf einem bemehlten Brett dünn mit dem Nudelholz aus. **5** Damit nichts anklebt, immer wieder Mehl darüber pudern. **6** Den Teig in schmale Streifen oder andere Formen schneiden. **7** In einem großen Topf Salzwasser sprudelnd aufkochen lassen und die Nudeln hinzugeben. **8** Dünne Nudeln 4 bis 8 Minuten, dickere Varianten 8 bis 12 Minuten kochen. **9** Ein wenig Öl oder Butter unter die fertigen Nudeln mischen.

Variation

Sie können auch farbige Nudeln herstellen.

● Rote Nudeln erhalten Sie, wenn Sie dem Teig 2 bis 3 Esslöffel Tomatenpüree untermischen.

● Grün werden die Nudeln, wenn Sie fein gewiegte Kräuter Ihres Geschmacks im Teig mit verarbeiten.

Wenn Sie einen Esslöffel Speiseöl in das Nudelwasser geben, kochen die Nudeln nicht über.

Löwenzahnsalat

Junge Löwenzahnblätter kann man im Frühjahr auf wilden Wiesen finden. Achten Sie darauf, dass sie nicht gedüngt oder gespritzt wurden. Manchmal darf man auch am Marktstand Geld dafür ausgeben. Löwenzahn fördert die medialen Fähigkeiten.

Zutaten

300 g Löwenzahn • 100 g durchwachsener Speck • 1 Zwiebel
2 Scheiben Weißbrot oder 1 Brötchen • 2 Knoblauchzehen
2 EL Kräuteressig

Zubereitung

1 Löwenzahnblätter verlesen, gut waschen und trockenschwenken. **2** Den Speck in sehr kleine Würfel schneiden und in der Pfanne auslassen, bis er leicht gebräunt ist. **3** Zwiebel würfeln und hinzugeben. **4** Das Weißbrot ebenfalls in kleine Würfel schneiden, den Knoblauch abziehen und fein hacken. **5** Brot und Knoblauch im Bratfett bräunen. **6** Löwenzahn auf Tellern anrichten, die Speck- und Brotwürfel aus der Pfanne heben und über die Blätter geben. **7** Das Bratfett mit dem Essig ablöschen und ebenfalls als Marinade über den Salat träufeln.

Der Löwenzahnsalat war lange Zeit vergessen. Dabei schmeckt er nicht nur gut, sondern unterstützt auch die übersinnlichen Fähigkeiten.

Grüne Sauce

Ein Gericht Frankfurter Hexen ist die Grüne Sauce, die aus siebenerlei Kräutern besteht. Welches Sie für Ihren Zauber aufladen, bleibt Ihnen überlassen. Die Sauce als Ganzes steht für den frühlingshaften Vitaminstoß und die Fruchtbarkeit. Die Kräuter bekommt man meist fertig zusammengestellt an gut sortierten Gemüseständen.

Zutaten

250 g gemischte Kräuter, und zwar Petersilie, Kerbel, Schnittlauch, Pimpernelle, Kresse, Sauerampfer, Borretsch • 1 Gewürzgurke
250 g selbst gemachte Mayonnaise • Salz

Zubereitung

1 Kräuter und Gürkchen klein hacken und mit der Mayonnaise vermischen. **2** Bei Bedarf salzen. **3** Zu Pellkartoffeln und hart gekochten Eiern servieren.

Lammeintopf

Lamm, das Sinnbild der Unschuld und Sanftmut, passt zur jungen Frühlingsgöttin, die unter blühenden Obstbäumen wandelt. Dies ist das passende Gericht für inneren und äußeren Frieden und Harmonie.

Zutaten

500 g Lammkeule • Salz und Pfeffer • 2 EL Olivenöl • 1 Zwiebel
2 Tomaten • 1/2 Tasse Wasser oder Brühe • 1 Lorbeerblatt
3 Thymianzweige • 300 g grüne Bohnen • 300 g Kartoffeln
Bohnenkraut

Zubereitung

1 Die Lammkeule salzen und pfeffern. **2** In einem Bräter oder einer tiefen Pfanne das Öl erhitzen und die Keule rundum braun anbraten. **3** Zwiebel würfeln und mit anbraten, dann die abgezogenen, klein geschnittenen Tomaten hinzugeben und kurz andünsten. **4** Brühe, Lorbeerblatt und Thymian hinzugeben und zugedeckt bei milder Hitze etwa 40 Minuten schmoren. **5** Bohnen schneiden, die Kartoffeln schälen und in feine Scheiben schneiden. **6** Mit dem Bohnenkraut zu der Lammkeule geben und alles weitere 25 Minuten garen. **7** Eventuell noch etwas Wasser aufgießen und nachwürzen.

Bayerische Creme

Wenn es ein magisches Gericht aus Eiern gibt, dann ist es die Creme, die zwar die Bayerische heißt, aber von einer französischen Sorcière de Cuisine erfunden wurde. Es ist ein im wahrsten Sinne des Wortes »rührendes« Werk, bei dem man schön lange zaubern kann.

Die Bayerische Creme fördert besonders Fruchtbarkeit und Liebe, aber je nach Geschmacksrichtung können Sie auch andere Zauber mit hineinrühren.

25

Ein sinnlicher Zauber
für Liebe und Frucht-
barkeit: die Bavarois
mit Heidelbeeren.

Zutaten

9 Blatt Gelatine • 4 Eigelbe • 175 g Zucker • 1/2 l Milch
1 Vanilleschote • 500 g Sahne

Zubereitung

Je nach Jahreszeit
können Sie die
Bavarois auch mit
anderen Frucht-
pürees kombinieren.
Lassen Sie Ihrer
Phantasie freien
Lauf.

1 Gelatine etwa 10 Minuten in Wasser einweichen, dann ausdrücken.
2 Die Eigelbe mit dem Zucker in einer Stahlschüssel verrühren.
3 Die Milch mit der aufgeschlitzten Vanilleschote aufkochen.
4 Schote herausnehmen und ganz langsam die heiße Milch in die Eier-Zucker-Mischung gießen. Dabei mit dem Schneebesen ununterbrochen rühren. **5** Die ausgedrückte Gelatine in die warme Masse unterrühren.
6 Die Schüssel in Eiswasser stellen und die Masse kaltrühren. **7** Die Sahne steif schlagen und unter die gerade gelierende Masse heben.

Variation

Klassischerweise werden bei der Bavarois 300 Gramm pürierte Heidelbeeren in der Eimasse mit untergerührt, wodurch Sie eine schöne und magische Schutzcreme erhalten. Aber auch mit starkem Kaffee oder Mokka für klaren Verstand und Energie können Sie die Creme würzen, indem Sie 3 Esslöffel Kaffeepulver in der Milch auflösen.

Beltane – die Walpurgisnacht

Der 1. Mai ist als Feiertag nicht unterzukriegen. Einst war die Nacht davor das lustvollste Fest der glücklichen Heiden, heute halten Politiker trockene Reden zum Thema Arbeit. Aber die alten Bräuche leben weiter. Maibaum, Tanz in den Mai und Maikönigin sind Überreste der Fruchtbarkeitsriten vergangener Zeiten. Weil die Hexen sich noch nach den alten Feiertagen richteten, kamen sie mit ihren Feiern zur Walpurgisnacht in den üblen Ruf, wüste Orgien mit dem gehörnten Teufel zu feiern.

Zum Hexenritual gehört selbstverständlich Wein – an Beltane wird im Kessel dazu Waldmeister- oder Erdbeerbowle angesetzt.

Maiorgien

Nehmen Sie »wüste« und »Teufel« weg, kommen Sie der Wahrheit schon ein ganzes Stück näher. Orgien mit dem Gehörnten gab und gibt es noch immer. Der Gehörnte Gott, der Hüter der wilden Tiere, ist der Gott der Hexen, und Orgien sind Fruchtbarkeitsriten. Die Göttin ist die Maikönigin, die nach dem Tanz bei ihrem göttlichen Partner liegt. Flirt, Erotik, Lust und Liebe gehören zu diesem Fest, denn im Mai entwickeln nicht nur die Bäume junge, kraftvolle Triebe. Der Mai ist auch die Zeit der ersten Früchte des Frühlings. Spargel, Erdbeeren und Kirschen finden Sie auf dem Markt. Den Waldmeister für eine Waldmeisterbowle und vielleicht auch einen göttlichen Jüngling finden Sie in den Wäldern.

Magische Bedeutung von Spargel, Erdbeeren und Kirschen

Die Bedeutungen dieser drei Gemüse- und Obstsorten ähneln sich sehr, und sie passen selbstverständlich zur Jahreszeit. Der Spargel hat eine ganz direkte Bedeutung – er steht ganz schlicht und einfach für Sex. Das mag unter anderem an seiner ausgeprägten Form liegen. Erdbeeren und Kirschen sind rot und herzförmig – Farbe und Form sind somit uralte Symbole für die Liebe. Wenn Sie Gerichte aus diesen drei Frühlingsprodukten herstellen, weben Sie Ihren Liebeszauber mit hinein.

Probieren Sie einmal Parma- oder Serrano- schinken zum Spargel. Beide Sorten schmecken ausgezeichnet.

Rezepte

Spargel mit Schinken

Frischer Spargel quietscht vor Freude! Wenn Sie Glück haben, finden Sie einen Bauern in Ihrer Nähe, der Ihnen so frischen Spargel direkt ver- kauft. Vermeiden Sie Spargel in Banderolen, die die Schnittfläche ver- decken. An ihr erkennt man am Grad der Austrocknung das Alter. Jedes Spargelgericht unterstützt die Frühlingsgefühle!

Der Spargel ist dann gut, wenn sich eine Stange, die man in der Mitte mit zwei Gabeln fasst, leicht und elastisch biegt.

Zutaten
Pro Person 400 g Spargel • 1 TL Salz • 1 TL Zucker • 1 TL Zitronensaft
1 TL Butter • 250 g junge Kartoffeln • 3 EL Butter
300 g Schinken, gekocht, roh oder gemischt

Zubereitung
1 Spargel schälen, die unteren Enden abschneiden, bis die Schnittfläche feucht ist, und in einen großen Topf legen. **2** Wasser, Salz, Zucker und Zitronensaft auffüllen, bis der Spargel bedeckt ist. **3** Zum

28

Kochen bringen und ca. 15 bis 20 Minuten bei milder Hitze kochen. **4** Kartoffeln schälen, waschen, würfeln und in Salzwasser 20 Minuten garen. **5** Butter in einem Pfännchen braun werden lassen und auf einem Rechaud warm halten. **6** Mit dem Schinken servieren.

Spargelsuppe

Nehmen Sie für die Spargelsuppe Bruchspargel, er ist meist erheblich billiger und enthält viele Spargelspitzen. Das Schälen macht etwas mehr Arbeit, diese Zeit können Sie jedoch nutzen, um sehr intensiv an Liebe und Erotik zu denken. Laden Sie Ihren Traumpartner zum Essen ein.

Zutaten

500 g Spargel • Salz • Zucker • Zitronensaft • 1/4 l Spargelwasser
1 EL Butter • 1 EL Mehl • 1 Brühwürfel Hühnerbrühe • 250 g Sahne
5 Blättchen Estragon • 1 TL Madeira

Zubereitung

1 Spargel sorgfältig schälen, die unteren Enden abschneiden, bis die Schnittfläche feucht ist, und in einen großen Topf legen. **2** Den Topf mit Wasser, Salz, Zucker und Zitronensaft auffüllen, bis der Spargel bedeckt ist. **3** Etwa 15 bis 20 Minuten bei milder Hitze kochen. **4** Spargel aus dem Wasser nehmen, das Wasser aufheben. **5** Aus Butter und Mehl eine Mehlschwitze anrühren und von dem abgekühlten Spargelwasser einen halben Liter hinzugeben. **6** Gut mit dem Schneebesen verrühren, dabei darauf achten, dass sich keine Klümpchen bilden. **7** Den Brühwürfel hinzufügen und alles unter Rühren bei milder Hitze 10 bis 15 Minuten kochen lassen. **8** Gegen Ende der Kochzeit die Spargelspitzen hinzugeben und warm werden lassen. Nicht mehr kochen lassen. **9** Die Sahne hinzufügen, den Estragon unterrühren und nach Wunsch mit einem Spritzer Madeira abschmecken.

Variation

Statt Madeira können Sie auch einen Schuss eines anderen Süßweins oder Likörs zum Abschmecken verwenden.

Wenn die Spargelsuppe als Hauptgericht gereicht werden soll, können kleine Hackfleischbällchen hinzugefügt werden. Die hier angegebene Menge reicht als Vorspeise für vier Personen, als Hauptspeise für zwei Personen.

Spargelsalat

Sollte von einem gekochten oder gebratenen Huhn ein wenig Fleisch übrig geblieben sein, wird zusammen mit dem Spargel ein nahrhafter Salat daraus. Wenn Sie allerdings dabei Ihre Küchenmagie einsetzen wollen, achten Sie darauf, dass die Reste keine magischen Rückstände haben. Denken Sie immer daran, dass Wünsche buchstäblich in Erfüllung gehen, und wenn da noch ein Bannzauber an den Überbleibseln haftet, kann das bei einem neuerlichen Liebeszauber zu recht seltsamen Ergebnissen führen.

Natürlich können Sie auch aus Resten noch eine herrliche Mahlzeit zaubern. Achten Sie aber auf magische Rückstände alter Wünsche.

Zutaten

300 g Spargel, gekocht • 200 g gegartes Hühnerfleisch

4 EL Mayonnaise • 1 EL Orangensaft • Pfeffer und Salz

1 hart gekochtes Ei • 1/2 Päckchen Kresse

Zubereitung

1 Den Spargel in 2 bis 3 Zentimeter lange Stücke schneiden und das Hühnerfleisch würfeln. **2** Mayonnaise wie auf Seite 21 beschrieben herstellen und mit etwas frisch gepresstem Orangensaft würzen. **3** Huhn und Spargel mit der Mayonnaise mischen, nach Geschmack mit Pfeffer und Salz würzen und einige Stunden ziehen lassen. **4** Das Ei vierteln und als Dekoration auf den Salat setzen. **5** Mit kleinen Kressesträußchen verzieren.

Erdbeerpüree mit Mousse au Chocolat

Die genussfeindliche christliche Kirche versuchte, als im 17. Jahrhundert die Kakaobohne in ihren Dunstkreis geriet, das Schokoladetrinken zu verbieten. Sündig, so nannte sie das angebliche Hexengebräu. Es ist ihr sichtlich nicht gelungen, der Genuss der Schokolade ist geblieben. Denn Schokolade – in Maßen genossen – versetzt in einen Glückszustand. Im Übermaß genossen macht sie allerdings füllig. So steht ihre magische Wirkung denn auch für Liebe und Reichtum.

Sie möchten Liebe und Wohlstand ein wenig unterstützen? Die Kombination von Schokolade und Erdbeeren ist ein Genuss und hilft bei der Erfüllung der Wünsche.

Zutaten

1 Tafel Bitterschokolade • 1 Tafel Vollmilchschokolade

1 Tasse sehr starker Kaffee • 250 g Sahne • 1 Prise Kardamom

500 g Erdbeeren • Zitronenmelisse

Zubereitung

1 Die Schokolade in dem Kaffee unter ständigem Rühren schmelzen lassen. **2** Sahne steif schlagen und in eine Schüssel füllen. **3** Die gelöste Schokoladenmasse vorsichtig mit dem Schneebesen unterziehen. Achten Sie beim Einrühren der Schokolade in die Sahne darauf, dass sich keine Klümpchen bilden. **4** Nach Geschmack können Sie noch ein wenig Kardamom einrühren. **5** Die Mousse etwa 3 bis 4 Stunden kalt stellen, bis sie erstarrt ist. **6** Die Erdbeeren waschen, zupfen und pürieren. Gegebenenfalls etwas nachzuckern. **7** Die Mousse mit dem Erdbeerpüree zusammen servieren. **8** Als Dekoration ein paar Blättchen Zitronenmelisse auf den Teller legen.

Zusammen mit den Erdbeeren und einem hübsch geschminkten Erdbeermund sollte Ihnen die Verführung eines wohlhabenden Liebhabers mit diesem Dessert doch wirklich gelingen!

Erdbeer-Spargel-Salat

Und wenn gar nichts mehr klappt in der Liebe, dann kombinieren Sie eben einfach die beiden Komponenten Spargel und Erdbeeren miteinander, und visualisieren Sie bei der Zubereitung eine heiße Liebesnacht!

Zutaten

150 g Erdbeeren • 150 g gekochter Spargel • 3 EL Mayonnaise

Zubereitung

1 Erdbeeren und Spargel klein schneiden und mit der Mayonnaise mischen.   **2** An einem kühlen Ort eine Stunde ziehen lassen.   **3** Alleine essen und anschließend zum Tanz in den Mai gehen.

Rot ist – wie wir alle wissen – die Farbe der Liebe. Die roten Früchte dieser beiden Gerichte unterstützen den Liebeszauber.

Rhabarber-Erdbeer-Grütze

Weniger Sex als zärtliche Liebe sollten Sie in diese Grütze hineinvisualisieren. Vor allem, wenn Sie sie mit Sahne servieren.

Zutaten

750 g Rhabarber • 400 g Erdbeeren • 3 EL Himbeersirup
1 Zimtstange • 1 Vanilleschote • 3 EL Sago • 2 EL Zucker
abgeriebene Schale einer unbehandelten Zitrone

Zubereitung

1 Rhabarber wenn nötig schälen und von den harten Fasern befreien, in schmale Stücke schneiden.   **2** Erdbeeren putzen und klein schneiden.   **3** Himbeersirup in etwas Wasser mit Zimt und Vanilleschote aufkochen.   **4** Sago hineingeben und bei milder Hitze etwa eine Viertelstunde aufquellen lassen.   **5** Die Gewürze entnehmen, Rhabarber und Erdbeeren hinzugeben und köcheln lassen, bis der Sago aufgequollen ist.   **6** Mit Zucker und Zitronenschale würzen.   **7** Die Grütze in Glasschalen füllen, abkühlen lassen und in den Kühlschrank stellen.   **8** Zum Servieren die Grütze stürzen und mit geschlagener Sahne anrichten.

32

Waldmeisterbowle

Waldmeister findet man, wie sein Name verheißt, im Wald. Pflücken Sie aber nur so viel, wie Sie wirklich brauchen, und lassen Sie immer genug Pflanzen stehen, damit sie sich erneuern können. Waldmeister hat Aroma und magische Liebeskraft verloren, wenn er erst geblüht hat!

Wenn Sie ein Ritual zu Beltane feiern wollen, bietet sich diese Bowle als Ritualwein an. Besorgen Sie einen entsprechend großen Kelch, damit alle Feiernden auch genügend davon abbekommen.

Zutaten

1 Bund Waldmeister • 1 l Wein • 1 Flasche Sekt
Zucker nach Geschmack

Zubereitung

1 Den Waldmeister verlesen, abspülen, zu einem Strauß binden und anwelken lassen. Das kann einen halben Tag dauern, aber erst dann entfaltet er sein volles Aroma.   **2** Den Strauß mit den Spitzen in den Wein hängen. Eine halbe Stunde durchziehen lassen.   **3** Den Strauß herausnehmen, den Wein mit dem Sekt auffüllen und nach Geschmack süßen.

Kirschsuppe

Zimt und Nelken sind Gewürze, die in vielerlei Form zum magischen Einsatz kommen. Der warme Duft wirkt erotisierend, der exotische Geschmack rundet fast jedes Obstgericht ab. Zu Kirschen, die jeden Liebeszauber unterstützen, sind sie einfach ideal!

Zutaten

500 g reife Herzkirschen • 1 Teelöffel Kartoffelstärke
1 Messerspitze gemahlene Nelken • 1 Messerspitze gemahlener Zimt
Zucker nach Geschmack • 1 Spritzer Zitronensaft

Zubereitung

1 Die Kirschen entsteinen und pürieren.   **2** Die Kartoffelstärke in ein wenig Wasser verrühren und zum Püree geben.   **3** Mit den Gewürzen aufkochen lassen.   **4** Abkühlen lassen und als Kaltschale servieren.

Meditation über den Rührstab

Das Frühjahr geht mit der Sommersonnenwende in den Sommer über – Zeit des Reifens, der Fülle, der Wärme, der brennenden Sonne. Dem Sommer wird der Süden, das Feuer und der Stab zugeordnet.

Der klassische Zauberstab ist 30 Zentimeter lang bis mannsgroß, trägt einen magischen Kristall an der Spitze und ist mit geheimnisvollen Symbolen verziert. Oder er wird, passend zum Schwert, als Lanze geführt. Weder das eine noch das andere eignet sich zur Küchenarbeit. Allenfalls, wenn die Hexe ein Reisigbündel an einem Ende des Stabes befestigt und nach getaner Arbeit damit die Küche fegt. Verzichten wird sie aber keinesfalls auf einen Stab, denn womit sonst soll sie die Suppe rühren, die Sahne schlagen, die Eier verquirlen? Schneebesen, möglichst in zwei Größen, Rührlöffel aus Holz, ein Quirl und verschiedene Löffel sind die handhabbaren Stäbe der Küchenhexe. Wählen Sie davon eines der Geräte aus, das Sie als magischen Stab verwenden wollen.

Entgegen allen gängigen Vorurteilen fliegen Hexen nur mit marktüblichen Airlines und nicht auf Besen. Diese sind dem Reinigungsprozess, magisch wie pragmatisch, vorbehalten.

Der Stab – Süden, Sommer, Feuer, Willenskraft

Der Zauberstab leitet den Willen der Hexe. Mit ihm rühren Sie die magische Kraft in die Gerichte, die Sie kochen. Stellen Sie sich Ihren Rührstab wie eine Energieleitung vor, und rühren Sie immer im Uhrzeigersinn, um keine negativen Kräfte mit unterzumischen. Der Stab symbolisiert das Element Feuer, und darüber lohnt es sich, ein paar Gedanken zu verlieren. Denn das Feuer erst transformiert das rohe Gemüse zur Suppe und den Wunsch zur Realität. Darum sollten bei einer magischen Handlung Kerzen brennen, etwa beim Verzehr der mit Ihren Wünschen aufgeladenen Speise. Als Tischschmuck sind Kerzen eine hübsche Form der Dekoration, die eine festliche Stimmung wecken. Das offene Feuer in der Küche ist heutzutage so gut wie verschwunden, es sei denn, Sie haben einen Gasherd. Wer einmal den Unterschied zwischen Elektroplatte und offener Gasflamme beim Kochen feststellen konnte, wird sich sicher immer wieder für das Gas entscheiden. Es lässt sich nicht nur besser regulieren, es bringt auch punktuell die höheren Temperaturen, was beispielsweise beim Anbraten äußerst angenehm ist. Auch beim Grillen im Freien haben Sie noch Gelegenheit, den direkten Kontakt mit diesem Element herzustellen. Tun Sie das, wenn Sie die Möglichkeit dazu haben.

Die Priesterinnen früherer Zeiten waren auch die Hüterinnen der Flamme und des Herdes.

Litha – die Sommersonnenwende

Ein klassisches Feuerfest ist die Sommersonnenwende. In skandinavischen Ländern wird die Mittsommernacht auch heute noch gefeiert, bei uns ist sie in den Namenstag Johannes des Täufers übergeführt worden. Die alten Riten sind aber als Johannisfeuer noch erhalten geblieben. Über dieses Feuer zu springen bedeutet für die Paare das Versprechen, beieinander zu bleiben.

Die Sommersonnenwende ist ein Fest, das man am besten mit vielen Freunden bis spät in die Nacht feiert.

35

Die Göttin ist zur Frau und werdenden Mutter geworden, der Gott zum Sommerkönig. Gemüse und Obst reifen, die Kräuter sind saftig und voller Kraft. Jetzt lohnt es sich, durch die Wiesen zu streifen und wilde Kräuter zu sammeln. Der beste Zeitpunkt ist vor der Blüte, bei Vollmond, doch nehmen Sie immer nur so viele Blätter und Zweige, dass noch ausreichend übrig bleiben, damit sich das Gewächs erneuern kann.

Bezeugen Sie Respekt vor der Natur, und danken Sie der Pflanze für ihre wertvollen Gaben, wenn Sie Teile von ihr ernten.

Magische Bedeutung der Küchenkräuter

Was in der Küche kräftig duftet und Geschmack gibt, ist ebenso wirksam in der Magie. Kräuter unterstreichen den Geschmack eines Gerichtes, und sie unterstützen die Wirksamkeit eines Zaubers. Ein Kräuterzauber ist die am weitesten verbreitete Magie der Hexen, denn ob getrocknet oder frisch, verschiedene Kräuter hat eine richtige Magierin immer zur Hand.

Kräuterzauber

● Formulieren Sie Ihren Wunsch, und schreiben Sie ihn – wenn möglich in gereimter Form – auf ein hübsches Blatt Papier.

● Wählen Sie ein Stückchen Stoff aus Naturmaterialien, etwa 30 mal 30 Zentimeter groß, für ein Zauberbeutelchen.

● Suchen Sie ein, zwei Kräuter, deren magische Bedeutung Ihrem Wunsch entspricht.

● Ziehen Sie den magischen Kreis, entzünden Sie eine Kerze, und bitten Sie die Göttin, Ihren Wunsch zu erfüllen.

● Verbrennen Sie Kräuter und Wunschpapier in einer feuerfesten Schale, und sprechen Sie dabei den gereimten Wunsch laut aus.

● Füllen Sie die abgekühlte Asche in das Beutelchen, und binden Sie es mit einem schönen Band zusammen. Sagen Sie dabei: »Mit diesem Knoten binde ich den Zauber!«

● Lösen Sie den magischen Kreis auf. Das Beutelchen verwahren Sie an einem nur Ihnen bekannten Ort.

● Wenn der Wunsch sich erfüllt hat, vergraben Sie das Beutelchen in der Erde und danken der Göttin für ihre Gabe. Nicht nur im Zauberbeutelchen sind Kräuter wirksam, sie zeigen ihre magischen Kräfte natürlich auch in den Mahlzeiten. Visualisieren Sie beim Würzen, wie die magische Wirkung der Pflanzen sich in den Gerichten entfaltet.

Rezepte

Ratatouille

Ein wahres Feuergericht, wenn Sie scharfe Peperoni mögen. Aber auch ohne sie ist diese rote Sauce geeignet, den Wunsch nach Kraft, Energie und Gesundheit zu unterstützen. Ein Sommergericht voller Vitamine und prallem Geschmack! Die Ratatouille eignet sich auch als Beilage zu Fisch oder Fleisch.

Achtung, nicht mit den Fingern an Mund oder Augen kommen – Peperoni haben es nämlich in sich und brennen sehr stark!

Zutaten

4–5 Strauchtomaten • 1 rote Paprika • 1 gelbe Paprika • 1 Peperoni für die, die es scharf mögen • 1 Gemüsezwiebel • 3 Knoblauchzehen
1 Zucchini • Rosmarin, Salbei, Lavendel, Thymian
4 EL Olivenöl • einige schwarze Oliven • Salz und Pfeffer

Zubereitung

1 Tomaten abziehen und klein schneiden. **2** Paprika putzen und würfeln. Peperoni vorsichtig waschen und klein schneiden. **3** Zwiebel und Knoblauch grob zerkleinern, Zucchini in Scheiben schneiden. **4** Kräuter waschen, zupfen und wiegen. **5** In einer Pfanne das Olivenöl erhitzen, darin Zwiebeln und Knoblauch glasig braten. **6** Die Temperatur zurücknehmen und das Gemüse dazugeben. **7** Salzen und pfeffern, zudecken und alles bei milder Hitze etwa eine halbe Stunde ziehen lassen. **8** Kurz vor Ende der Garzeit die frischen Kräuter unterheben. **9** Wenn sich zu viel Flüssigkeit bildet, während der letzten 10 Minuten den Deckel entfernen. **10** Mit Brot servieren.

Paprikatoast

Hier kommt ein Power-Frühstück, magisch wie ernährungsmäßig! Brot aus dunklem Mehl und Käse sind alte Bestandteile der Rituale, sie unterstützen Wandlung und Veränderungen im Leben.

Zutaten

2 Scheiben Roggenbrot • 1 Paprika • frisch gemahlener schwarzer Pfeffer 2 Scheiben mittelalter Gouda

Zubereitung

1 Das Roggenbrot toasten. **2** Paprika waschen, putzen und in dünne Streifen schneiden. **3** Auf das Brot legen, reichlich pfeffern. **4** Mit dem Käse bedecken und im Backofen überbacken, bis der Käse schmilzt.

Tomatenbrochettes

Tomatenbrochettes sind eine magische Ritualspeise und gleichzeitig ein köstliches Amuse gueule.

Tomaten und Basilikum gehören geschmacklich einfach zusammen. Tomatensuppe, Tomatensalat und eben auch diese Tomatenconcassée brauchen das frische Kraut. Auch magisch ergänzen sich beide, sie stehen für Liebe, aber auch für Geld.

Zutaten

2–3 Tomaten • 1 Zwiebel • 4 schwarze Oliven • 3 Zweige Basilikum 1 EL Olivenöl • Salz und Pfeffer nach Geschmack • 1 Baguette 3–4 EL Olivenöl

Zubereitung

1 Tomaten abziehen, entkernen und würfeln. **2** Zwiebel hacken, Oliven entkernen und klein schneiden, die Basilikumblätter wiegen. **3** Alles mit Olivenöl, Salz und Pfeffer mischen und 1 Stunde ziehen lassen. **4** Baguette in dicke Scheiben schneiden. **5** Das Olivenöl in einer Pfanne erhitzen und die Brotscheiben von beiden Seiten goldbraun braten. **6** Mit der kalten Tomatenconcassée bestreichen und servieren.

Hähnchen mit Oliven

Ein Gericht mit überaus magisch aufgeladener Bedeutung. Der Hahn ist ein Feuertier, nicht nur, weil er den Morgen mit seinem Schrei ankündigt, sondern auch wegen seines feuerroten Kammes. Der »Rote Hahn« auf dem Dach ist eine alte Bezeichnung für eine Feuersbrunst. Aber damit ist das Spektrum noch nicht erschöpft – und damit sind wir auch bei Frühling und Fruchtbarkeit. Die Bedeutung von »Little Red Rooster« herauszufinden, überlasse ich Ihnen selbst.

Laden Sie einen potenziellen Liebhaber zu diesem Gericht ein! Ein Zweiglein Rosmarin sichert Ihnen zusätzlich seine Treue.

Zutaten

2–3 Tomaten • 1 Zwiebel • 1–5 Knoblauchzehen • 150 g Champignons
pro Person 1 Hähnchenschenkel • 2 EL Olivenöl • schwarze Oliven
1 Rosmarinzweig • Salz und Pfeffer nach Geschmack
1 Baguette oder Ciabatta

Zubereitung

1 Tomaten achteln, Zwiebel und Knoblauch grob zerkleinern, Champignons vierteln.   **2** Hähnchenschenkel salzen und in der Pfanne in dem Olivenöl von allen Seiten anbraten.   **3** Aus der Pfanne (am besten eine viereckige Saftpfanne mit Grillrost darüber) nehmen.   **4** In dem Bratensatz Zwiebeln und Knoblauch anbraten, die Pilze anschwitzen. Tomaten und Oliven dazugeben, eventuell noch etwas Wasser oder Hühnerbrühe angießen und den Rosmarinzweig in die Pfanne legen.   **5** Mit Salz und Pfeffer abschmecken.   **6** Den Grillrost über die Pfanne legen, die Hähnchenschenkel darauf legen und die Haut noch einmal mit Öl einpinseln.   **7** Im vorgeheizten Ofen bei 180 °C eine halbe Stunde knusprig werden lassen. Hin und wieder mit der Sauce aus der Pfanne bepinseln.   **8** Nach dem Ende der Bratzeit die Hähnchenschenkel auf einen angewärmten Teller anrichten.   **9** Gemüse mit Saft und Öl in eine Schüssel füllen.   **10** Als Beilage zu diesen Köstlichkeiten sollten Sie noch etwas Brot bereithalten, bevor Sie die duftende Schüssel auf den Tisch stellen – und dann muss die Köchin erfahrungsgemäß höllisch aufpassen, dass sie auch noch etwas abbekommt.

Rote Grütze

Für ein harmonisches Familienleben ist rote Grütze geradezu unabdingbar. Sie ist sehr gut geeignet, um nach einem Streit Versöhnung zu erzielen. Weben Sie einen Harmoniezauber hinein, und seien Sie gewiss,
kein schmollendes Leckermäulchen wird Ihnen widerstehen.

Zutaten

250 g Himbeeren • 250 g Johannisbeeren • 250 g Erdbeeren

4 EL Zucker • 1/2 Vanilleschote • 3 EL Sago

Zubereitung

1 Früchte gut abspülen. In 1/2 Liter Wasser kurz aufkochen lassen und
durch ein Sieb streichen.   **2** Das Püree mit dem Zucker und der Vanilleschote aufkochen lassen.   **3** Die Vanilleschote entfernen und die
Temperatur zurücknehmen.   **4** Sago unter ständigem Rühren zugeben
und bei ganz milder Hitze ausquellen lassen.   **5** In Schalen füllen und
abkühlen lassen.   **6** Sahne oder Vanillesauce dazu reichen.

**Die voll aufgeblüh-
ten Holunderdolden
gut ausschütteln, um
die Bewohner zu
vertreiben. Aber
nicht waschen, da-
mit das Aroma nicht
verloren geht.**

Holunderküchle

Juni und Juli sind zwar feurige Sommermonate, und rote Früchte und
Gemüse unterstützen die darin enthaltene Dynamik. Aber auch der magischste aller Büsche blüht zu dieser Zeit – der Holunder! Der Aber-
glaube sagt, er schütze vor aufdringlichen Hexen, aber das müssen Sie
nicht ernst nehmen. Der Holunderstrauch schützt gegen Unheil und
schwarze Magie. Seine Blüten, Beeren und Blätter sind heilkräftig und
werden seit alters her verwendet. Hier ein nicht ganz kalorienarmes Rezept, das Ihre magischen Fähigkeiten unterstützt.

Zutaten

250 g Mehl • 3 Eier • 1 EL Butter • 1 Prise Salz

1 EL Malzbier (nach Geschmack) • 2 EL Milch • 20–25 Holunderdolden

geschmacksneutrales Öl • Zucker

Zubereitung

1 Mehl, Eier, Butter, Salz, Milch und eventuell Malzbier zu einem flüssigen Teig verrühren. **2** In einer Pfanne reichlich Öl erhitzen. **3** Die Dolden am Stiel fassen und in den Ausbackteig tauchen. **4** Mit der Blütenseite nach unten in die Pfanne geben und goldbraun backen. **5** Mit Zucker bestreuen und heiß servieren.

Holundersirup

Angenehm in Herstellung und Genuss ist der Holundrblütensirup. Hier sind Schutz- und Reinigungskräfte wirksam. Trinken Sie ein Glas verdünnten Sirup, wenn Ihnen Energievampire die Aura ausgesaugt haben.

Aus den Blüten wird Sirup oder Sekt, ein duftendes Dessert aus den Blütendolden, Suppe oder Marmelade aus den Beeren. Holunder bietet eine enorme Vielfalt und Magie dazu.

Zutaten

4,5 l Wasser • 4,5 kg Zucker • 70 g kristallisierte Zitronensäure (aus der Apotheke) • 1,3 kg Holunderblüten

Holunderblütensekt schmeckt ungewöhnlich aromatisch und fruchtig und unterstützt die innere Reinigung und Klärung.

41

Zubereitung

1 Wasser und Zucker zusammen aufkochen. **2** Die Zitronensäure vorsichtig darunter rühren und alles über die entstielten Holunderblüten geben. **3** Einen Tag lang ruhen lassen, dann den Sirup filtern, damit keine Blütenreste darin bleiben, und auf Flaschen ziehen. **4** Mit eisgekühltem oder heißem Wasser verdünnt servieren.

Holundersekt

Schutz und Reinigung sind beim Holunder die überwiegenden magischen Kräfte, der Hollersekt ist also durchaus als Ritualgetränk geeignet, wenn es darum geht, ein Reinigungsritual durchzuführen, wie es beispielsweise beim Einzug in eine neue Wohnung oder ein neues Haus nötig sein kann. Seien Sie aber mit den Mengen vorsichtig, die Sie genießen wollen. Der Sekt ist nach Aussage einiger genusssüchtiger Hexen nicht völlig frei von Nebenwirkungen.

Zutaten

2 große Holunderdolden • 1 TL Zitronensaft • 1 EL Essig
200 g Zucker • 2 l Wasser

Zubereitung

1 Holunderdolden gut ausschütteln, die kleinen weißen Blüten von den Stielen zupfen und in eine Flasche mit 2 1/2 Liter Inhalt füllen. **2** Zitronensaft, Essig, Zucker und Wasser hinzugeben. **3** In einen passenden Korken ein Loch bohren und mit ihm die Flasche so verschließen, dass die beim Gären entstehenden Gase entweichen können. **4** Die Flasche 2 bis 3 Tage in die pralle Sonne stellen. **5** Die gärende Flüssigkeit dann durch ein feines Sieb gießen und in Flaschen abfüllen. **6** Die Flaschen unbedingt gekühlt aufbewahren, Explosionsgefahr! **7** Eiskalt servieren.

Tipp

Eine schöne Flasche mit selbst zubereitetem Holundersekt eignet sich auch als Geschenk für eine »magische« Freundin.

Kräuterhexen wissen nach dem Genuss von Sekt im Notfall, dass ein Tee aus Weidenrinde im Fall des Falles gegen Kopfschmerzen hilft. Haben Sie keine Weide zur Hand, sollten Sie Aspirin bevorraten.

42

Lammas – das Schnitterfest

Hochsommer, erste Erntezeit. Das Gras ist gelb und trocken geworden, die goldenen Ähren neigen sich schwer auf ihren Halmen. Die Schnitter, heute auf dem Mähdrescherungetüm, ernten das Korn. Früher wurden die Garben auf den Feldern aufgerichtet und Kornpuppen hergestellt. Hin und wieder findet man in ländlichen Gegenden noch den Brauch, diese Kornpuppen zu verbrennen. Es ist ein uralter Opferbrauch, denn der Gott stirbt für sein Land. In rotem Mohn für das Blut und blaue Kornblumen für den Tod gekleidet, liegt er in seinem Grab auf dem Feld, um für das nächste Jahr eine neue Ernte zu gewährleisten. Die schwangere Göttin trauert, doch sie weiß auch, dass in der kommenden dunklen Zeit in ihr der neue Gott heranreifen wird. Brot gehört zu dem Schnitterfest, aber auch alle reifen Früchte der Jahreszeit.

Lammas oder Lughnasad, wie es auch genannt wird, ist das Fest des Brotes, seine Zeit ist die Ernte des reifen Korns.

Magische Bedeutung des Holunders

Schwarz hängen die Holunderbeeren an den Sträuchern. Roh sind sie ungenießbar, aber als Saft ein Genuss. Sammeln Sie sie, auch auf die Gefahr hin, dass Sie blutrote Hände bekommen. Aber vergessen Sie nicht, der Hollerfrau Dank abzustatten, die in dem Busch wohnt.

Mächtiger magischer Schutz ist die eine Eigenschaft des Holunders, seine große Heilkraft ist die andere, die ihm einen solchen guten Ruf verschafft hat. Aus den Blüten wurde schweiß- und harntreibender Tee gekocht, der bei Erkältungen hilft, Saft und Suppe helfen bei Virusinfektionen, Herpes und Neuralgien, eine Salbe aus den Blättern hilft gegen Prellungen und Geschwüre, die Rinde ergibt ein drastisches Abführmittel. Versuchen Sie mal an einem kalten Winterabend bei laufender Nase einen Becher halb und halb mit heißem Rotwein und gesüßtem Holundersaft zu trinken. Aber legen Sie sich dann gleich ins Bett. Diese Mischung treibt sehr wirkungsvoll die lästigen und hartnäckigen Erkältungsdämonen aus.

Rezepte

Holunderbeersaft

Eine schaurig-schöne Variante ist das Durchpressen der ausgekochten Beeren durch ein Baumwolltuch! Der Verdacht, dass Hexen blutige Opfer zelebrieren, mag seinen Ursprung in der Zubereitung von Holunderbeersaft haben. Wenn dabei etwas schief geht, sieht es grauenvoll aus, und die blutrote Farbe ist garantiert licht- und kochecht! Achten Sie darauf, dass Sie die Flaschen, in die Sie den heißen Saft füllen, vorher mit heißem Wasser anwärmen, sonst können sie platzen. Füllen Sie den Saft nur im Spülbecken um, das hält den Schaden in Grenzen.

Holunderbüsche pflanzt man übrigens nicht in den Garten, aber jede Hexe freut sich, wenn ein solcher Strauch sich bei ihr einfindet.

Zutaten
2 kg Holunderbeeren • 400 g Zucker

Zubereitung
1 Holunderbeeren waschen, von den Dolden lösen und in 1/2 Liter Wasser zum Kochen bringen, bis die Beeren aufplatzen. **2** Den Fruchtbrei über einem großen Topf durch ein aufgespanntes Baumwolltuch ausgießen und durchtropfen lassen. Wenn der Brei abgekühlt ist, auswringen. **3** Den Saft mit dem Zucker aufkochen lassen und möglichst heiß in die vorgewärmten Flaschen abfüllen. **4** Die Flaschen luftdicht verschließen und kühl lagern.

Holunderbeersuppe mit Grießpudding

Mit dieser Suppe hat mich meine Mutter als Kind gefüttert. Nichts Besseres konnte sie tun. Nicht nur, dass es zu meinem Lieblingsgericht wurde, es war auch der Ausdruck von mütterlicher Liebe und Schutz.

Zutaten
1/2 l Milch • 2 EL Zucker • 100 g Hartweizengrieß • 1 Eigelb
2 säuerliche Äpfel • 1 l Holundersaft • Zucker nach Geschmack

Zubereitung

1 Milch mit Zucker aufkochen, vom Feuer nehmen und den Grieß dazugeben. **2** Bei milder Hitze unter ständigem Rühren etwa 10 Minuten lang aufquellen lassen. **3** Das Eigelb vorsichtig unterziehen. **4** In eine mit kaltem Wasser ausgespülte Puddingform gießen und erstarren lassen. **5** Äpfel schälen und in Scheiben schneiden. **6** Mit Holundersaft aufkochen lassen. **7** Mit Grießpudding servieren.

Germknödel mit Pflaumen

Für eine geistige Liebe ist dieses Gericht das richtige Zaubermittel. Aber damit die Zuneigung nicht zu einseitig wird und die Leidenschaft zu kurz kommt, ergänzen Sie diese Speise mit reichlich reifen Pflaumen!

Zutaten

400 g Mehl • etwas Milch und Zucker • 20 g Hefe • 2 Eier
1/2 l Milch • 1/2 TL Salz • 5 EL und 2 TL Butter • 20 g Zucker
1 kg Pflaumen • 1/2 Tasse Rotwein • 1 EL Zucker (oder Menge nach
Geschmack) • 1/2 TL gemahlener Zimt

Zubereitung

1 Aus ein wenig Mehl, etwas Milch, Zucker und Hefe einen Vorteig herstellen und 15 Minuten gehen lassen. **2** Die Eier, 1/4 Liter lauwarme Milch, Zucker und Salz mit 4 Esslöffeln geschmolzener Butter vermischen und mit dem Mehl und dem Vorteig verkneten. **3** Gehen lassen, bis die doppelte Größe erreicht ist. **4** Aus dem Teig eine dicke Rolle formen, davon Scheiben abschneiden und zu Kugeln formen. **5** In eine tiefe Pfanne oder einen großen Topf 1/4 Liter Milch, 2 Teelöffel Butter und 20 Gramm Zucker geben. **6** Die Hefeklöße hineinsetzen, die Pfanne gut verschließen und alles bei milder Hitze etwa 30 Minuten gar ziehen lassen, bis die Flüssigkeit aufgesogen ist. **7** Pflaumen entsteinen und halbieren. **8** In einer tiefen Pfanne 1 Esslöffel Butter schmelzen, die Pflaumen darin kurz andünsten. **9** Rotwein, Zucker und Zimt hinzugeben und etwa 5 Minuten gar ziehen lassen.

Mit dieser traditionellen Mehlspeise helfen Sie tiefer Liebe und prickelnder Erotik auf die Sprünge.

45

Wussten Sie, dass Rosmarin und Dill das Denken unterstützen? Wenn Sie diese Kräuter mit ins Brot backen, werden Sie die Wirkung merken.

Gewürzbrot im Blumentopf

Bei diesem Brot können Sie Ihre Wünsche nach Liebe mit hineinbacken. Noch stärker unterstützt es mit Dill und Rosmarin den Verstand.

Dill ist ein sehr altes magisches Kraut, das für Erfolg und Intelligenz steht. Speisen macht es leichter verdaulich.

Zutaten

500 g Mehl • 40 g Hefe • 1 Prise Zucker • 1/8 l Milch • 2 Zwiebeln

1 Knoblauchzehe • 1 TL Rosmarin • 2 EL Dill • 3 EL Butter

1/2 TL Salz • 1 TL Anis • 1/2 TL Fenchel • 2 Eier • 2 Blumentöpfe

von 14 cm Durchmesser (ohne Risse) • Öl für die Blumentöpfe

Zubereitung

1 Aus etwas Mehl, Hefe, Zucker und lauwarmer Milch einen Vorteig erstellen und 15 Minuten gehen lassen. **2** Die Zwiebeln fein hacken, Knoblauch zerdrücken, Rosmarin und Dill wiegen. **3** Die Butter schmelzen und mit Zwiebeln, Knoblauch und Gewürzen zum Vorteig geben; mit dem restlichen Mehl zu einem Teig verkneten, 30 Minuten gehen lassen. **4** In die gefetteten Blumentöpfe füllen, den Backofen auf 190 °C vorheizen und 40 Minuten backen.

Gemüsesuppe

Mit dieser variationsreichen Suppe ist Ihrer magischen Kreativität keine Grenze gesetzt, sie enthält so viele wirksame Zutaten, dass Sie sich mit ihr praktisch jeden Ihrer Wünsche erfüllen können. Geben Sie demjenigen Gemüse Ihre Energie, das Ihrem Zauber am besten entspricht, und visualisieren Sie die Erfüllung des Wunsches bei der monotonen Tätigkeit des Gemüseputzens.

Zutaten

2 Möhren • 1 Hand voll frische Erbsen • 3 Stangen Staudensellerie
200 g Schnittbohnen • 1/2 Blumenkohl • 1 kleine Zucchini
3 Kartoffeln • Petersilie • 2 Frühlingszwiebeln
50 g durchwachsener Speck • 2 EL Olivenöl
1 l Fleischbrühe • 4 Salbeiblätter • 2 Stängel Basilikum
Pfeffer und Salz • Parmesan

Zubereitung

1 Das Gemüse und die geschälten Kartoffeln in kleine Stücke schneiden. Petersilie und Zwiebeln hacken. **2** Den Speck würfeln und in dem Olivenöl in einem großen Suppentopf anbraten. **3** Petersilie und Zwiebeln ebenfalls kurz darin anbraten, dann das Gemüse bis auf die Bohnen und die Erbsen hinzugeben und kurz andünsten. **4** Mit der Fleischbrühe auffüllen und 30 Minuten sanft kochen lassen. **5** Erbsen, Bohnen und Salbei hinzugeben und weitere 20 Minuten bei milder Hitze kochen lassen. **6** Basilikum wiegen. **7** Die Gemüsesuppe in eine Schüssel füllen und das frische Basilikum darunter heben, danach nicht mehr kochen lassen.

Variation

Grundsätzlich sind Sie nicht an die hier angegebenen Gemüse gebunden. Nehmen Sie, was immer Ihnen schmeckt, was der Markt an frischen Gemüsen anbietet oder was Ihren Zauber besonders gut unterstützt. Achten Sie nur darauf, dass Sie empfindliche Gemüse mit kurzer Garzeit erst ganz zum Schluss zu der Suppe geben, damit sie nicht verkochen.

Abgerundet wird diese köstliche Gemüsesuppe, wenn noch ein wenig frisch geriebener Parmesan darüber gestreut wird.

Kaninchen im Gemüsebeet

Eine meiner Katzen bringt mir hin und wieder ein junges Kaninchen mit, um damit zu spielen und es zu putzen. Man mag das für degeneriertes Raubtierverhalten ansehen. Sogar die Kaninchen sind irritiert und immer wieder heilfroh, wenn ich sie, behutsam in ein Handtuch gehüllt, wieder auf die Weide bringe, wo sie ihren Bau haben. Nie, nie würde eines davon in meinem Kochtopf landen. Aber andere Katzen und andere Menschen sehen das gänzlich anders, und darum hier das Kaninchen im Gemüsebeet. Danken Sie beim Kochen dem Kaninchen für sein Opfer.

Ein mittelgroßes Kaninchen reicht für vier Personen. Kaufen Sie es möglichst nicht im Supermarkt, sondern bei einem Bauern in der Umgebung.

Zutaten

1 mittelgroßes Kaninchen mit Innereien • Pfeffer, Salz • Öl
100 g Champignons • 1 kleiner Kohlrabi • 3 Möhren
2 Stangen Porree • 1 Knoblauchzehe • 250 g Sahne

Zubereitung

1 Herz, Nieren und Leber des Kaninchens in kleine Stücke schneiden, den Magen wegwerfen, er ist schwer verdaulich. **2** Den Kopf abschneiden, das Kaninchen in vier Teile zerlegen, pfeffern und salzen. **3** Etwas Öl in einen Bräter oder eine tiefe Pfanne geben, das Fleisch anbraten und im eigenen Saft im Ofen bei 180 °C etwa 2 Stunden braten. **4** Hin und wieder mit Wasser begießen. **5** Die Innereien mit etwas Wasser aufsetzen und sacht kochen lassen. **6** Das Gemüse und den Knoblauch putzen und würfeln, zu den Innereien geben und etwa 30 Minuten mitkochen lassen. **7** Den Sud abkühlen lassen und die Sahne hinzugeben. **8** Wenn das Kaninchenfleisch weich ist, die Gemüsesauce darüber gießen und heiß werden lassen.

Forelle mit Kräuterfüllung

Fische stärken ganz allgemein die medialen Fähigkeiten, sie sind Wassertiere, und das Wasser steht nun einmal für das Unbewusste. Wünschen Sie sich bei ihrer Zubereitung und beim Verzehr einen Zugang zu Ihrem

Vergessen Sie bei dem Kaninchen den Knoblauch nicht. Er ist gut für die Gesundheit.

unbewussten Wissen. Der Bärlauch kann Sie vor den dort eventuell hausenden unangenehmen Gesellen schützen.

Zutaten

Pro Person 1 große Forelle • 1 TL Zitronensaft • Salz

1 TL Zitronenmelisse • 1 TL Bärlauch • 1 kleine Schalotte

1 EL Olivenöl

Zubereitung

1 Die ausgenommene Forelle gut waschen, den Zitronensaft in den Bauchraum träufeln und salzen. **2** Die frische Zitronenmelisse, den Bärlauch und die Schalotte wiegen und in die Forelle füllen. **3** Die Forelle zusammenklappen, außen mit Olivenöl bestreichen und in Alufolie wickeln. **4** Im Backofen bei 180 °C je nach Größe etwa 45 Minuten garen. **5** Gegen Ende der Backzeit die Folie öffnen und die Forelle auf der Oberseite bräunen lassen.

Nun ist die Zeit der Säfte und Gelees. Beerensäfte werden wie Holundersaft (siehe Seite 44) zubereitet, Äpfel, Birnen und anderes Kernobst entkernt, aber nicht geschält. Für Gelees wird 1 Liter Saft mit 1 Kilogramm Gelierzucker gekocht. Rühren Sie einen langlebigen Zauber in das Gelee.

49

Meditation über den Kochtopf

Der Herbst naht, die Nebelschwaden steigen aus den Feldern. Zeit, die ersten warmen Suppen im Kessel brodeln zu lassen.

Der Hexenkessel ist der zentrale Bestandteil der Hexenküche. In ihm vermischen sich die Ingredienzen, werden aus unscheinbaren Rohstoffen köstliche Delikatessen, wirksame Heilmittel und haltbare Vorräte. Die hohe Magie sieht natürlich hier nichts so Profanes wie einen Suppenkessel vor, der ernsthafte Magier, der etwas auf sich hält, besitzt einen silbernen Kelch, möglichst mit Edelsteinen verziert. Dekorativ, aber unpraktisch. Die Küchenhexe weiß, dass das dumme Ding nur anläuft und ständig geputzt werden muss.

Wenn Sie einen Kochtopf als magisches Gefäß zu prosaisch finden, nehmen Sie ein schönes Weinglas. Gefüllt mit einem leichten Wein unterstützt es wirksam den magischen Kochvorgang.

Der Kelch oder Kessel – Westen, Herbst, Wasser, Intuition

Ein Gefäß ist eine phantastische Sache. Stellen Sie sich vor, wie sich unsere armen Vorfahren ohne Topf und Becher, Flasche oder Kessel abmühen mussten, um Flüssigkeiten zu transportieren! Ein Gefäß und Wasser gehören einfach zusammen. Das hat sogar die christliche Kirche, die ja heidnischen Symbolen nicht gerade aufgeschlossen gegenübersteht, übernehmen müssen. Darum gibt es auch in ihren Ritualen den Abendmahlskelch, in dem sich die Wandlung vollzieht.

Den Hexenkessel, in dem im Prinzip nichts anderes als eine Wandlung geschieht, fanden die Kirchenväter nicht so gut. Sie unterstellten den weisen Köchinnen schaurige Rezepte aus Drachenblut und Krötenschleim, manchmal gar gekochten Christenkindern, und sie grillten die Besitzerinnen dafür auf offenem Feuer. Mögen die Seelen dieser weisen Frauen ihren Frieden finden.

50

Die praktische Küchenhexe hat praktische Gefäße. Emaillierte Töpfe, Kasserollen und tiefe Pfannen mit Deckel eignen sich gut für Suppen und Saucen, Edelstahlpfannen für Kurzgebratenes. Es spricht nichts gegen beschichtete Pfannen, denn sie sparen Fett und verhindern das Ansetzen. Kupfer ist edel, leitet die Wärme hervorragend, ist aber putzaufwändig, wenn es nicht nach kurzer Zeit unästhetisch aussehen soll.

Messgefäße sollten in der Küche ebenfalls nicht fehlen, auch nicht ein Satz Schüsseln unterschiedlicher Größe. Sie werden selbst wissen, welches dieser Gefäße Ihr Lieblingskochgerät ist. Weihen Sie es zu Ihrem magischen Kessel.

Im Kessel, wie erwähnt, vermischen sich die Ausgangsstoffe und werden zu einem neuen, veredelten Produkt. Genau der gleiche Vorgang läuft auch in uns selbst ab. Wir nehmen über unsere Sinnesorgane Eindrücke aus der Außenwelt auf. In unserem Unbewussten mischen sie sich und werden zu neuen Erkenntnissen. Das nennt man lernen, und es ist ganz eindeutig ein Vorgang der Alchemie.

Der Kelch und der Kessel sind Sinnbilder des Unbewussten, der Gefühle und der Intuition. Wir brauchen sie für das Kochen und die Magie, denn gute Mahlzeiten und Zauber gelingen nur, wenn Liebe dabei ist.

Einige Pilzformen wachsen in Kreisen, so genannten Hexenringen, was ihnen den netten Ruf eingebracht hat, sie seien Spuren der nächtlichen Hexentänze.

Der magische Kessel – in ihm verwandeln sich einzelne Zutaten zu köstlichen Speisen.

Mabon – Herbstäquinox

Die Herbst-Tagundnachtgleiche beendet endgültig den Sommer. Die meisten Früchte sind geerntet, die Vorbereitung auf den Winter beginnt. Pilze und Nüsse schenkt uns der Wald, in dem die ersten Blätter bunt werden und auf den Boden fallen, um fruchtbaren Humus zu bilden. Der Duft eines feuchten Herbstmorgens ist berauschend. Gehen Sie spazieren, und genießen Sie diese stillen Tage, bevor die Herbststürme einsetzen. Und natürlich ist es Zeit, Mutter Erde für ihre Gaben zu danken. Das Erntedankfest erinnert an diese heidnische Feier. Die Dunkelheit nimmt zu, die Göttin ist älter und weise geworden. Es ist nun richtig, sich darüber Gedanken zu machen, was man im Laufe des Jahres erreicht hat, und auch die persönliche Ernte einzubringen.

Magische Bedeutung der Pilze

Die naturverbundenen weisen Frauen kannten die Wirkstoffe vieler Pilze – auch ihre Gifte, weshalb Pilze eng mit der Hexenkunst verbunden sind.

Wie in ein Märchen versetzt fühlt man sich, wenn man im Wald die roten, weiß gepunkteten Fliegenpilze zwischen Farn und Moos leuchten sieht. Sie sind wunderschön anzusehen und sollten stehen bleiben, wo sie sind. Es sei denn, Sie möchten sich das zweifelhafte Vergnügen eines »Hexenflugs« gönnen. Fliegenpilze enthalten psychoaktive Substanzen, sie wurden von den Schamanen benutzt, um Trancen und Ekstasen zu erzeugen. Ein wahrhaft nicht ungefährliches Unterfangen.

Dennoch, der Fliegenpilz ist sicher der bekannteste unter den Pilzen, wird er nicht überall als »Glückspilz« abgebildet!

Essbare Pilze sind eine Bereicherung der Küche. Sie können als Würze verwendet werden oder als Gemüse. Ihre magische Bedeutung ist Glück, Fruchtbarkeit und mediale Fähigkeiten. Wenn Sie sich mit den unterschiedlichen Pilzen gut auskennen, können Sie zum Sammeln in den Wald und über die Weiden gehen. Doch bitte schneiden Sie die Pilze ab. Nur Banausen reißen sie mitsamt den Wurzeln aus, so dass sie im nächsten Jahr nicht nachwachsen können.

Rezepte

Pilzomelett

Wenn Sie sich eine Stärkung Ihrer Sensitivität und Ihrer medialen Fähigkeiten wünschen, unterstützt Sie dieses Gericht sicher. Verwenden Sie daher auch reichlich frisch geriebene Muskatnuss.

Außen knusprig und innen saftig wird das Omelett, wenn Sie es nach dem Braten und Füllen aus der Pfanne heben und bei etwa 150 °C 10 Minuten im Ofen überbacken.

Zutaten

Pro Person 4 große Champignons • 3 Eier • Pfeffer • Salz
Muskatnuss • Schnittlauch • Sonnenblumenöl

Zubereitung

1 Champignons in dünne Scheiben schneiden. **2** Eier schaumig schlagen und mit Pfeffer, Salz und Muskatnuss würzen. **3** Schnittlauch in Röllchen schneiden. **4** Öl in der Pfanne erhitzen, die Eimasse in das heiße Öl geben und stocken lassen. **5** Wenn die Unterseite fest ist, die obere Seite jedoch noch flüssig, die Pilze und Schnittlauch auf eine Hälfte geben, die andere Seite darüber schlagen.

Sie wollen Ihre medialen Fähigkeiten noch ein wenig fördern? Dann sind frische Champignons genau das Richtige.

53

Pfifferlinge mit Ei

Wenn Sie etwas mehr Pep in den Wunsch nach verbesserten ASW-Fähig-keiten (das sind außersinnliche Wahrnehmungen) bringen wollen, dann bereiten Sie dieses Pilzgericht zu. Mit viel frischer Petersilie gelingt es Ihnen vielleicht sogar, geschäftliche Entwicklungen vorherzusehen.

Zutaten

Pro Person 100 g Pfifferlinge • etwas Mehl • 2 Eier • 1 TL Butter
1 Prise frisch gemahlener Pfeffer • Salz • frische glatte Petersilie

Zubereitung

1 Pfifferlinge in einer Schüssel mit Mehl bestäuben und durchmischen. Durch ein Sieb geben und das überschüssige Mehl abschütteln. **2** Die Eier mit dem Schneebesen schaumig schlagen. **3** Butter in einer Pfanne erhitzen und die Pfifferlinge darin 10 Minuten dünsten. **4** Mit Pfeffer und Salz würzen. **5** Die Eimasse über die Pilze gießen und stocken lassen. **6** Vor dem Servieren mit Petersilie bestreuen.

Auf die magische Kraft der Pilze ist immer Verlass. Vor allem helfen sie, die medialen Fähigkei-ten zu stärken.

Pfifferlinge mit Semmelknödel

Ihre medialen Fähigkeiten in Hinblick auf erotische Beziehungen mag die Verbindung von Möhren und Pilzen hervorrufen. Bitten Sie bei der Zubereitung um dieses Wissen, und achten Sie auf Ihre Träume. Sem-melknödel haben nur sehr wenig bis gar keine magischen Kräfte, denn Brötchen bestehen weitgehend aus weißem Mehl. Und das ist ohne wertvolle Bestandteile und daher magisch unbrauchbar.

Zutaten

3 altbackene Brötchen • 1 TL Butter • frische Petersilie • 125 ml Milch
2 Eier • Salz, Pfeffer • 300 g Pfifferlinge • 50 g Räucherspeck
1 TL Butter • 1 kleine Zwiebel • 2 kleine, junge Möhren
1 Prise frisch gemahlener Pfeffer • 2 EL Sahne • 1 TL Madeira oder
Sherry • Thymianblättchen

Zubereitung

1 Die Brötchen in kleine Würfel schneiden. **2** In der Pfanne die Butter erhitzen und die Petersilie kurz darin anschwitzen. **3** Die Brotwürfel hinzugeben und leicht bräunen lassen. Die Pfanne von der Kochstelle nehmen. **4** Die Milch erwärmen und über die Brotwürfel gießen. Etwa 10 Minuten quellen lassen. **5** Die Eier mit Pfeffer und Salz verquirlen, zu dem Brötchenteig geben und alles zu einem festen Teig verrühren. **6** Knödel formen und diese in siedendem Salzwasser etwa 20 Minuten ziehen lassen. **7** Die Pfifferlinge nicht waschen, sondern in einer Schüssel mit Mehl bestäuben und durchmischen, anschließend das überschüssige Mehl abschütteln. **8** Den Speck würfeln, in der Pfanne mit der Butter anbraten. **9** Zwiebel und Möhren sehr fein hacken, zum Speck in die Pfanne geben und anschwitzen. **10** Pfifferlinge hinzugeben und etwa 10 Minuten leicht dünsten lassen. **11** Mit Pfeffer und Salz würzen. **12** Mit Sahne und Madeira abschmecken, Thymian darüber streuen und durchrühren. **13** Die Pilze zusammen mit den Knödeln servieren.

Ein Tipp zum Knödelteig: Wenn der Teig zu weich ist, können Sie etwas Semmelbrösel untermischen.

Zu den Pfifferlingen schmeckt ein herber Weißwein hervorragend.

55

Mischpilze mit Tomaten

Das Thema Gesundheit überwiegt in diesem Rezept, damit können Sie um Rat in dieser Sache bitten. Formulieren Sie Ihre Frage bei der Zubereitung. Auch hier sollten Sie auf Ihre Träume achten oder auf zufällige Ratschläge, die Ihnen von ungewöhnlicher Seite erteilt werden.

Dieses Pilzgericht eignet sich als eigenständige Mahlzeit, beispielsweise zusammen mit Bandnudeln, oder als Gemüsebeilage zu dunklem Fleisch.

Zutaten

500 g Mischpilze (was immer Sie gesammelt haben oder einzelne Sorten wie Steinpilze, Pfifferlinge, Chanpignons) • 4–5 Tomaten • 2 EL Butter 2 Knoblauchzehen • Salz und Pfeffer • Petersilie • Schnittlauch

Zubereitung

1 Die Pilze waschen, putzen und vorbereiten, die Tomaten abziehen und würfeln. **2** 1 Esslöffel Butter in einer Pfanne erhitzen, darin die Tomaten mit dem zerdrückten Knoblauch kurz dünsten. **3** In einer zweiten Pfanne die Pilze in dem Rest der Butter braten, bis die Flüssigkeit verdampft ist. **4** Beides mischen, salzen und pfeffern und gehackte Petersilie und Schnittlauchröllchen darunter ziehen.

Tomaten können Sie auch auf dem Balkon selbst ziehen. Sie schmecken meist aromatischer als die gekauften.

Kartoffelsuppe mit Champignons

Eine Gruppe, die sich um die dampfende Suppenschüssel – auch eine Variation des Hexenkessels – versammelt und gemeinsam isst, vermittelt Harmonie und Frieden. Ihren Wunsch nach einem glücklichen Zusammenleben mit Freunden und Familie unterstützt diese Suppe. Aber auch Duldsamkeit und Mitleid mit den weniger Glücklichen.

Zutaten

1 Sellerieknolle • 1 Stange Porree • 3 Möhren • 1 Petersilienwurzel

2 Stängel Selleriegrün • 500 g Suppenknochen

500 g Beinscheiben vom Rind • 2 TL Salz • 2–4 Pfefferkörner

500 g mehlig kochende Kartoffeln • 1 l Fleischbrühe • 2 EL Rahm

50 g geräucherter, durchwachsener Speck • 1 kleine Zwiebel

250 g kleine Champignons • 1 EL Sonnenblumenöl • Salz und Pfeffer

Zubereitung

1 Für die Fleischbrühe Sellerie putzen und in Würfel schneiden, Porree in Ringe schneiden, Möhren und Petersilienwurzel grob zerkleinern. **2** Die Sellerieblätter waschen. **3** Die Knochen, die Beinscheibe und das Gemüse mit 1 1/2 Liter Wasser, Salz und Pfefferkörnern zum Kochen bringen. **4** Abschäumen und zugedeckt etwa 2 Stunden bei milder Hitze kochen lassen. **5** Die Knochen und das Fleisch herausnehmen, die Brühe durch ein Sieb geben und das weich gekochte Suppengemüse mit durchpassieren. **6** Das Fleisch vom Knochen lösen und für eine klare Fleischsuppe verwenden. **7** Kartoffeln schälen und in kleine Würfel schneiden und in der Fleischbrühe eine halbe Stunde kochen lassen. **8** Mit der Gabel die Kartoffeln etwas zerdrücken und den Rahm unterrühren. **9** Während der Kochzeit den Speck in kleine Würfel schneiden, Zwiebel fein hacken, die Champignons feinblättrig schneiden. **10** Öl in der Pfanne erhitzen, den Speck darin anbraten, die Zwiebeln glasig dünsten und die Champignons hinzugeben. **11** So lange braten, bis die Flüssigkeit verdampft ist. **12** Die Suppe in eine Schüssel füllen und die Champignons darüber geben.

Das Rindfleisch, das in der Suppe gekocht wird, können Sie für ein anderes Gericht verwenden – oder der Katze damit eine Freude machen.

Variation

Natürlich kann die Kartoffelsuppe auch mit Instantbrühe gekocht werden. Dann sollten Sie ein Bund Suppengemüse mitkochen.

Gulasch mit Pilzen

Ein typisches Familiengericht ist dieses Gulasch, das in einem großen Topf lange vor sich hin köchelt und mit seinem Duft vermutlich hungrige Familienangehörige immer mal wieder in die Küche lockt, um den Deckel zu lüpfen. Das ganz besondere Aroma dieses Gulasch wird durch die Zugabe von getrockneten Pfifferlingen erreicht. Weben Sie einen Harmoniezauber mit hinein, das wird der Familienatmosphäre gut tun.

Zutaten

20 g getrocknete Pfifferlinge • 1 Gemüsezwiebel • 2 Möhren

1 kleine Petersilienwurzel • 500 g Rindergulasch

3 EL Sonnenblumenöl • 1/2 l Rinderfond • 2–4 Zweiglein Thymian

Salz und Pfeffer • 2 EL Mehl • 2 EL Rahm

Trockenpilze sind geschmacksintensiv und ideal zum Würzen. Sie müssen vorher eingeweicht werden. Kochen Sie sie so lange mit, bis sie weich sind.

Zubereitung

1 Pfifferlinge mindestens einen halben Tag in Wasser einweichen. **2** Gemüsezwiebel achteln, die Möhren und die Petersilienwurzel in dünne Scheiben schneiden. **3** Das Rindfleisch mit 2 Esslöffeln Öl scharf anbraten. Wenn es rundherum gebräunt ist, mit dem Schaumlöffel herausheben und beiseite stellen. **4** In den Topf das restliche Öl geben und darin die Zwiebel, die Petersilienwurzel und die Möhren glasig werden lassen. **5** Das Fleisch wieder hinzugeben, mit dem Rinderfond auffüllen, die eingeweichten Pfifferlinge hinzufügen und alles bei milder Hitze 1 1/2 bis 2 Stunden im zugedeckten Topf schmoren lassen, bis das Fleisch weich ist. **6** Die Thymianzweige mit Küchengarn zu einem Sträußchen zusammenbinden. **7** Kurz vor Ende der Garzeit das Gulasch pfeffern und salzen, mit Mehl bestäuben und den Rahm hinzugeben. **8** Thymian einrühren und noch 5 Minuten mitziehen lassen. **9** Das Gulasch mit Semmelknödeln oder Nudeln servieren.

Gewürzheringe

Meeresfische noch stärker als Süßwasserfische sprechen die medialen Fähigkeiten an. Je nachdem, in welches Gewürz Sie Ihren Wunsch visualisieren, können Sie Ihre unbewussten Kräfte aktivieren. Achten Sie auf Ihre Träume und zufällige Begegnungen.

Zutaten

6 große Salzheringe • 1 TL Senfkörner • 3 Wacholderbeeren
8 Pfefferkörner • 3 Nelken • 1 großes Lorbeerblatt • 1 Messerspitze
frisch geriebene Muskatnuss • 1 Prise Zucker • Öl

Zubereitung

1 Salzheringe 24 Stunden wässern, dann entgräten, enthäuten und die Filets in 2 bis 3 Zentimeter große Stücke schneiden. **2** Gewürze im Mörser zerstoßen. **3** Eine Lage der Filets in einen Steinguttopf legen, einen Teil der Gewürzmischung und Öl darüber geben. **4** Die Filets in weiteren Lagen mit den Gewürzen darüber schichten und festdrücken. **5** 2 Tage ziehen lassen und mit frischem Roggenbrot anrichten.

Ein viktorianischer Brauch besagt: Wer Salzhering am Abend vor Samhain isst (und danach nicht die Zähne putzt, aber das ist nicht der wesentliche Teil des Zaubers!), dem erscheint der zukünftige Lebenspartner im Traum und reicht ihm ein Glas Wasser.

Sie haben Ungewöhnliches geträumt? Das muss an den Gewürzheringen liegen. Schreiben Sie Ihre Träume in ein Traumtagebuch.

Spinatpizza

Eine Wohlstandspizza gilt es hier zuzubereiten, denn Spinat steht für Geld! Aber waschen Sie ihn gut, damit Sie das herbeigewünschte Geld nicht gleich für eine neue Goldfüllung ausgeben müssen.

Zutaten

125 g Butter • 250 g Weizenvollkornmehl • 1 Ei • 1/2 TL Salz

500 g Spinat • 1 Knoblauchzehe • 1 EL Butter • Salz, Pfeffer, Muskatnuss • 250 g Mozzarella

Zubereitung

1 Butter in Flöckchen schneiden, mit dem Mehl, dem Ei, dem Salz und gegebenenfalls etwas Wasser zu einem festen Teig kneten.   **2** Eine Kugel formen und in Folie wickeln. Mindestens 30 Minuten kühl stellen. **3** Spinat gut waschen, putzen und abtropfen lassen.   **4** Knoblauch pressen und in der Butter in einer tiefen Pfanne anschwitzen.   **5** Den tropfnassen Spinat hinzugeben und zusammenfallen lassen.   **6** Mit Salz, Pfeffer und reichlich frisch geriebener Muskatnuss würzen. **7** Den Teig ausrollen und auf ein großes Backblech legen. An den Rändern etwas hochziehen. 10 Minuten im Backofen bei 200 °C vorbacken. **8** Das Blech aus dem Ofen nehmen, den Spinat darauf verteilen und den in Scheiben geschnittenen Mozzarella darüber verteilen.   **9** Noch einmal knapp 10 Minuten backen, bis der Mozzarella zerlaufen ist.

Unsere Vorfahren, denen der Tod nicht so fremdartig war wie uns, stellten den Geistern der Verwandten Speisen und Getränke auf den Hausaltar und luden sie ein mitzufeiern.

Samhain – das Neujahrsfest der Hexen

Die ersten Frostnächte werfen grauen Tau über die Dächer, die Blätter fallen, der letzte Wein ist geerntet. Für die Hexen geht das Jahr zu Ende, Samhain ist ihr Fest. Es ist die Zeit, im Haus zu bleiben, vor dem Kamin zu sitzen oder bei Kerzenschein derer zu gedenken, die von uns gegangen sind. Totengedenken muss nicht mit Trauer und trüben Gedanken verbunden sein, die Ahnen sind bei uns, wenn wir es wollen.

Die magische Kraft des Weins hat eine lange Tradition. Er ist Sinnbild für die Lebenskraft.

Samhain ist die Zeit, in der die Schleier zwischen der Realität und der Anderwelt dünn sind, und wer den Mut hat, kann durch sie hindurchgehen, um mit den Wesen der anderen Seite Kontakt aufzunehmen. Die Göttin ist nun die Weise Alte, die Rat und Wissen schenkt. Es ist eine gute Zeit, Orakel zu legen und sich über das Zusammenspiel der Kräfte in der Welt Gedanken zu machen.

Libation wurde in der Vergangenheit das Trankopfer genannt, das man den Göttern oder den Verstorbenen darbrachte.

Magische Bedeutung des Weins

Im Kelch wird der Wein gereicht, ein paar Tropfen gehen als Trankopfer an die Götter. Der rote Wein, das Blut der Trauben, ist Sinnbild des Lebens und wird in fast allen Religionen bei kultischen Riten eingesetzt. Da die bedauernswerten Priesterinnen und Priester gezwungen sind, davon zu trinken, wurde und wird bei dem Wein auf Qualität geachtet – auch beim Abendmahl. Hexenpriesterinnen bewahren geheime Rezepte auf, um gewürzten Ritualwein herzustellen. Weißwein wird mit dem Mond in Verbindung gebracht, Rotwein mit der Sonne. Lebenskraft, Fülle und Freigebigkeit sind seine magischen Bestimmungen. Der saure Wein, der Essig, dient dem Schutz, der Disziplin und der Reinigung.

61

Rezepte

Rotweinhähnchen

In der Zeit, in der die ersten Erkältungskrankheiten anstehen, wünschen Sie sich bei der Zubereitung dieser weinhaltigen Köstlichkeit starke Widerstandskräfte gegen Schnupfen, Husten und Grippe.

Visualisieren Sie die Lebenskraft des Weins auch beim Verzehr der Mahlzeit, und Sie werden gegen alle Unbill der Jahreszeit gewappnet sein.

Zutaten

Pro Person 1 Zwiebel • 2 Hähnchenbrustfilets • 1 EL Olivenöl

50 g Schinkenwürfel • 1 Knoblauchzehe • 1 Tasse Rotwein

1 Zweiglein Rosmarin • Salz und Pfeffer

Zubereitung

1 Zwiebel hacken, Hähnchenbrust pfeffern und salzen, einen Schluck von dem Rotwein nehmen.   **2** In einer tiefen Pfanne das Öl erhitzen, die Schinkenwürfel darin anbraten, Zwiebel und den zerdrückten Knoblauch andünsten.   **3** Filets anbraten, mit dem Rotwein ablöschen. **4** Den Rosmarin dazugeben und alles zugedeckt etwa 30 Minuten bei milder Hitze dünsten lassen.   **5** Dazu passen Reis und Brokkoli.

Geben Sie Ihren Wunsch bei der Zubereitung des Rotweinhähnchens mit zu den Zutaten.

62

Rotweingelee

Die Sonnenenergie des Rotweins lässt sich in dieser Leckerei einfangen. Geben Sie beim Rühren der Wein-Zucker-Mischung dem Gelee einen kräftigen Wunsch nach anhaltender Energie und Lebensfreude mit.

Zutaten

0,75 l trockener Rotwein • Saft von 1 Zitrone

1 kg Gelierzucker

Zubereitung

1 Den Rotwein mit Zitronensaft und Gelierzucker 4 Minuten lang aufkochen lassen. **2** In Gläser füllen und verschließen.

Variation

Statt Rotwein können auch Rosé- oder Weißweine verwendet werden, achten Sie aber immer darauf, dass es sich um trockene Weine handelt.

Rotweinzwiebeln

Eine kleine, schmackhafte Vorspeise, die Liebe und Lebensfreude unterstützt, aber auch Schutz gegen Ärger und widrige Einflüsse schafft!

Zutaten

500 g Schalotten oder kleine Zwiebeln • 3 EL Öl • 1 TL Zucker • Salz und frisch gemahlener schwarzer Pfeffer • 250 ml Rotwein • Petersilie Crème fraîche

Zubereitung

1 Schalotten oder Zwiebeln schälen und in einer tiefen Pfanne in dem Öl anbraten, dabei häufig schwenken. **2** Mit dem Zucker bestreuen und unter ständigem Rühren karamellisieren. **3** Mit Salz und Pfeffer würzen, Rotwein zugeben und zugedeckt 20 Minuten schmoren lassen. **4** Petersilie hacken. **5** Die Zwiebeln in eine Schüssel füllen, die Petersilie darunter heben. **6** Einen Klecks Crème fraîche darauf geben.

Die traditionelle Methode sieht Einmachgläser mit Einmachhaut aus Zellophan oder kariertem Baumwolltuch vor, Schraubgläser sind aber viel praktischer.

Zwiebelkuchen

Ein richtiger Schutzkuchen ist der Zwiebelkuchen. Wovor immer Sie sich fürchten, der Verzehr dieser Köstlichkeit wird Sie davor bewahren, wenn Sie bei der Zubereitung der Zwiebeln einen Schutzzauber dagegen wirken. Und natürlich gehört Federweißer zum Zwiebelkuchen!

Zutaten

125 g Mehl • 75 g Butter • 1 Ei • 1 TL Backpulver • 1 Prise Salz

5–6 Zwiebeln • 100 g geräucherter, durchwachsener Speck

250 g Sahne • 2 Eier • 1 TL Thymianblättchen

200 g geriebener Käse

Sehr magisch ist ein Teller, auf den ein Pentagramm gezeichnet oder geritzt ist. Das Pentagramm ist das Sinnbild des Elementes Erde und dient als magischer Schutzschild.

Zubereitung

1 Für den Mürbeteig das Mehl, die weiche Butter, Ei, Backpulver und Salz zu einem Mürbeteig verkneten. **2** Den Teig zu einer Kugel formen und mindestens 1 Stunde in einem kühlen Raum oder im Kühlschrank ruhen lassen. **3** Eine Quicheform einfetten, den Teig darin auslegen und die Ränder hochziehen. **4** Den Boden mit der Gabel einstechen und im vorgeheizten Backofen bei 200 °C etwa 10 Minuten vorbacken, bis er eine leichte Bräunung erhält. **5** Zwiebeln achteln, Speck fein würfeln. **6** In einer Pfanne den Speck auslassen, die Zwiebeln hinzufügen und zugedeckt 5 Minuten dünsten. **7** Die Sahne mit den beiden Eiern, Pfeffer und Salz und den Thymianblättchen verquirlen. **8** Den vorgebackenen Kuchen aus dem Ofen nehmen, die Zwiebelmasse auf dem Teig verteilen, die Sahne-Eier-Mischung darüber gießen und mit dem geriebenen Käse bestreuen. **9** Weitere 30 Minuten backen. Wenn die Oberfläche zu braun zu werden droht, mit etwas Alufolie abdecken. **10** Den Zwiebelkuchen abkühlen lassen und lauwarm servieren.

Variation

Statt mit Zwiebeln kann diese herzhafte Quiche auch mit Porree zubereitet werden. Verwenden Sie statt des Specks gekochten Schinken, und dünsten Sie ihn kurz mit dem Porree an.

Knoblauch ist eine Wunderwaffe für die Gesundheit. Warm schmeckt das Knoblauchbrot fast am besten.

Knoblauchbrot

Knoblauch schützt nicht nur gegen Vampire! Er wirkt blutreinigend und entgiftend, kreislaufregulierend und krampflösend. Er hält auch Insekten fern. Aber verwenden Sie ihn nicht zu intensiv, sonst schreckt er, wie alle starken Schutzzauber, auch die angenehmen Begegnungen ab.

Zutaten
4 EL gesalzene Butter • 5–6 Knoblauchzehen • 1 EL Thymianblättchen
1 Baguette

Zubereitung
1 Die Butter weich werden lassen und mit gepresstem Knoblauch und Thymian vermischen. **2** Das Baguette der Länge nach halbieren und die Hälften dick mit dem Buttergemisch bestreichen. **3** Die beiden Hälften wieder zusammenklappen und in Alufolie wickeln. **4** Im Backofen bei 180 °C etwa 15 Minuten lang backen.

Brot mit viel Knoblauch passt wunderbar zu allen grünen Salaten oder auch zu gegrilltem Fleisch. Und es hat die angenehme Eigenschaft, dass es als Schutzzauber wirkt.

65

Kürbis süßsauer

Wenn es in der Haushaltskasse nur noch für einen Kürbis reicht, dann sollten Sie ihn schnellstens dazu verwenden, einen Geldzauber zu machen. Stellen Sie sich alle offenen Rechnungen als beglichen vor, rechnen Sie mit einer Gehaltserhöhung, einer unerwarteten Zuwendung, wenn Sie dieses Gericht zubereiten.

Zutaten

500 g Kürbisfleisch • 2 EL Zucker • 1 Messerspitze gemahlener Zimt
4 Nelken • Weinessig

Zubereitung

1 Das Kürbisfleisch in 1 Zentimeter große Würfel schneiden und in Wasser mit Zucker, Zimt und Nelken kochen, es glasig wird, aber noch bissfest ist. **2** Mit Weinessig abschmecken, bis die gewünschte saure Note erreicht wird. **3** Kalt servieren als Beigabe zu Fleischgerichten.

Schlehenlikör

Schlehdorn ist ein typisches Heckengewächs – und damit auch ein typisches Hexengewächs. Die dunkelblauen Beeren sind erst genießbar, wenn sie Frost bekommen haben. Sie sind nicht nur heilkräftig, sondern auch magisch wirksam, falls Sie irgendwo Grenzen setzen wollen.

Wenn Sie sich vor mentalen Übergriffen unliebsamer Menschen schützen wollen, trinken Sie ein Gläschen dieses Likörs.

Zutaten

200 g Schlehen, die erstem Frost ausgesetzt waren
150 g Kandiszucker • 1 Vanilleschote • 1 Flasche Weizenkorn, 38 %

Zubereitung

1 Die Schlehen mit dem Kandiszucker und der Vanilleschote in ein lichtdichtes Gefäß geben und mit dem Weizenkorn aufgießen. **2** Das Gefäß abdecken und die Mischung zwei Monate ziehen lassen. **3** Den Schlehenlikör durch eine Filtertüte abgießen und in Flaschen füllen.

Vogelnester

Wenn Sie sich eine erotische Beziehung wünschen, servieren Sie dem Partner Ihrer Wahl doch einmal Vogelnester. Wollen Sie die Erotik nicht stark betonen, nehmen Sie Erbsen, die die romantische Liebe verstärken.

Zutaten

2 sehr dünne, sehr große Kalbsschnitzel • Salz und Pfeffer

2 Scheiben Schinken • 2 kleine, sehr hart gekochte Eier

1 Bund Suppengrün, bestehend aus Sellerie, Porree, Möhre und

Petersilienwurzel • 1 Tomate • 1 EL Butter • 1 Tasse Fleischbrühe

Zubereitung

1 Die Schnitzel salzen und pfeffern, mit je einer Scheibe Schinken belegen, das Ei einwickeln und die Rollen mit Zahnstochern feststecken. **2** Das Gemüse in kleine Würfel schneiden. **3** Die Vogelnester in Butter anbraten, das Gemüse hinzufügen und andünsten. **4** Die Brühe dazugeben, bis das Gemüse bedeckt ist, und zugedeckt 30 Minuten bei kleiner Hitze schmoren. **5** Die Vogelnester herausnehmen und warm stellen. **6** Die Sauce durch ein Sieb geben und einkochen lassen.

Die Sauce können Sie noch mit etwas süßer Sahne andicken und gegebenenfalls mit Salz und Pfeffer nachwürzen.

Wieder spielt das Ei eine entscheidende Rolle. Vogelnester unterstützen die Erotik in einer Beziehung.

Meditation über den Teller

Winter, hart gefrorene Erde und Dunkelheit, das sind die Attribute des Nordens. Ihm zugeordnet ist das Symbol der Scheibe. Eine Scheibe allerdings kann nun vieles sein. Was ein echter Magier mit Schwert, Lanze und Kelch ist, der wird sich mit einem runden Schild bewaffnen, um sich gegen die magischen Angriffe seiner Konkurrenz zu schützen. Er wird schon wissen, warum.

Mit einem Schild kann die schlichte Küchenhexe verhältnismäßig wenig anfangen. Als Deckel auf einem Topf ist er zu groß, als Tablett zu unhandlich, und davon zu essen zeugt von schlechtem Stil.

Eine Scheibe hingegen ist in jeder Küche in mehrfacher Form vorhanden. Alles, was sich Teller nennt nämlich. Ob flach oder tief, aus Porzellan oder Glas, gemustert oder unverziert, um das Essen geschmackvoll zu servieren, ist er unverzichtbar. Magie spricht die Sinne an, und so ist eine ansprechende Tischdekoration Teil des magischen Rituals. So, wie die Hexe ihren Altar mit Kerzen, Blumen, Bändern und Kristall schmückt, kann sie auch den Tisch gestalten, denn der Verzehr einer mit Liebe zubereiteten Mahlzeit ist auch eine heilige Handlung.

Die Scheibe ist das Symbol des Winters und der Erde. Sie finden sie bestimmt auch in Ihrer Küche – in Form von Tellern.

Die Scheibe – Norden, Winter, Erde, Tatkraft

Wählen Sie einen Ihrer schönsten Teller aus, um ihn als Symbol des Nordens und des Elements Erde zu weihen. Er sollte aus irdenem Material sein, Pappteller oder gar Plastikteller verbieten sich von selbst. Steingut und Porzellan hingegen bieten sich geradezu an.

Alles, was uns umgibt, stammt von der Erde, einschließlich unseres eigenen Körpers. Von der Erde kommen wir, zu Erde wird unser Körper

68

wieder, so ist der große Kreislauf. Die Erde gebiert, ernährt und tötet. Sie ist das junge Mädchen, die reife Frau und die dunkle Alte, sie ist die Mutter aller Materie. Anders als die Elemente Luft, die für den Verstand steht, das Feuer, das Energie und Willen ausdrückt, und das Wasser, das Intuition und Gefühle symbolisiert, bedeutet das Element Erde handfeste Aktion. Handlung, Pragmatismus und Tatkraft sind seine Attribute. Ohne sie würden Luftschlösser luftig bleiben, die Energie im Raum verpuffen und die Gefühle haltlos durch das Unbewusste schwappen. Bewusstsein muss zur Handlung führen, damit sich die Realität verändert. Darum ist Tatkraft ein ebenso wichtiger Bestandteil der Magie wie die drei anderen Ingredienzen. Niemand wird vom Lesen eines Kochbuchs satt. Auch von diesem nicht. Gehen Sie in die Küche, und kochen Sie ein zauberhaftes Essen!

Im magischen Akt wirken die vier Elemente Feuer, Wasser, Luft und Erde zusammen. Sie bedingen sich gegenseitig.

Jul – die Wintersonnenwende

Die Wintersonnenwende – die längste Nacht des Jahres – naht und mit ihr der Beginn der kalten, frostigen Zeit. Ein uraltes Sonnenfest wurde umgewandelt in das Weihnachtsfest. Doch die wichtigsten heidnischen

Der Teller steht für das Element Erde. Im magischen Kartenspiel Tarot übernimmt die Münze die Funktion des Tellers.

69

Bestandteile sind darin enthalten geblieben und erst im Zuge der gnadenlosen Kommerzialisierung unserer Tage untergegangen. Jul ist das Fest, an dem das göttliche Kind geboren wird, der junge Gott gleicht der nun wieder länger scheinenden Sonne, die in den Jahreskreis zurückkehrt. Die Göttin hingegen tritt in die mystische Wandlung ein. Sie durchlebt eine Metamorphose, die dem Ablauf der Jahreszeiten entspricht. Von der dunklen Alten wird sie bis zum nächsten Fest im Frühling wieder zum jungen Mädchen.

Immergrüne Pflanzen symbolisieren die Unsterblichkeit der Göttin, Kerzen erhellen die langen Winterabende, ein Julscheit knistert anheimelnd im Kamin, und aus den Vorräten werden gewürztes Gebäck und Glühwein hergestellt. In den Schalen auf dem Tisch stehen zum Knabbern die Nüsse...

Magische Bedeutung der Nüsse

Nüsse sind haltbar, fettreich und nahrhaft. Sie waren für unsere Vorfahren, die nicht einfach in den Supermarkt gehen konnten, eine notwendige Nahrungsergänzung in einer Zeit, in der die Natur ruht und nicht viel an Lebensmitteln zu bieten hat.

Zaubernuss ist keine magische Küchenzutat, sondern ein Hamamelisgewächs, aus dem Heilsalben hergestellt werden können.

Das Wort Nuss wird auch im übertragenen Sinne gebraucht. Aber dumme Nuss ist ganz falsch! Nuss ist weise, und natürlich ist Nuss auch magisch. Eine harte Nuss zu knacken ist gleichbedeutend damit, ein schwieriges Problem zu einer guten Lösung zu bringen.

Eine Hecke aus Haselsträuchern trennt die Feenwelt von unserer Welt, und wer unter einem Haselbusch einschläft, muss sich nicht wundern, wenn er auf der anderen Seite aufwacht. Haselzweige eignen sich wie keine anderen als Wünschelruten, und ein Zauberstab sollte selbstverständlich ebenfalls aus Haselholz sein. Die Haselnüsse vor allem sind es, die die Zauberkraft unterstützen. Aber auch andere Nüsse können magisch wertvoll eingesetzt werden. Walnüsse etwa erhöhen die Aufmerksamkeit und schärfen das Bewusstsein, und Mandeln, Cashewnüsse und Pinienkerne sorgen für reichen Geldsegen.

Rezepte

Reispfanne mit Cashewnüssen

Haben Sie mit Ihrem Partner gerade Streit über Geld? Dann setzen Sie ihm einfach diese Reispfanne vor, natürlich auf einem schön gedeckten Tisch. Über Zauber spricht man besser nicht, also vermeiden Sie das Thema Geld beim Essen. Es ist auch ganz unnötig, denn Sie haben die Lösung des monetären Problems ja bereits in die Cashewkerne gelegt.

Zutaten

*Pro Person 150 g Hühnerfleisch • 2 EL Butter • 1 kleiner Brokkoli
1 Möhre • 2 EL Sojasauce, salzig • 1 EL sehr trockener Sherry
1 TL Kartoffelstärke • 1 EL Cashewkerne • 1 TL braune Butter
pro Person 50 g Langkornreis*

Zubereitung

1 Das Hühnerfleisch in kleine Würfel schneiden und in einer Pfanne in der Butter scharf anbraten. Herausnehmen und beiseite stellen. **2** Brokkoli und Möhre klein schneiden und in der gleichen Pfanne andünsten. **3** Die Sojasauce, den Sherry und die Kartoffelstärke miteinander verrühren. **4** Das Hühnerfleisch wieder zu dem Gemüse geben und alle Zutaten miteinander vermischen. **5** Die Temperatur zurücknehmen, die Sauce über die Mischung gießen und gut damit verrühren. Wenn die Sauce zu dickflüssig wird, können Sie ein wenig Wasser nachgießen. Gegebenenfalls mit Salz nachwürzen. **6** In einer zweiten Pfanne die Cashewkerne in brauner Butter schwenken, bis sie selbst leicht gebräunt sind. **7** Reis mit der doppelten Menge gesalzenem Wasser in einen Topf geben. **8** Aufkochen und dann so lange ziehen lassen, bis die Flüssigkeit von dem Reis aufgesogen ist. **9** Zwischendurch den Reis vorsichtig umrühren, damit nichts ansetzt. **10** Den Reis nach der Kochzeit noch etwa 10 bis 15 Minuten bei sanfter Hitze ausquellen lassen. **11** Die gerösteten Cashewkerne erst kurz vor dem Servieren zu dem Gemüse-Hühnerfleisch geben.

Klassischerweise quellt man Reis aus, indem man den gut verschlossenen Topf mit einem dicken Tuch umwickelt und unter die Bettdecke stellt. Man kann aber auch den Backofen auf 50 °C erhitzen und den geschlossenen Topf hineinstellen.

Feldsalat mit Walnüssen

Sollten Sie zu unkontrollierten Levitationen neigen und von Zeit zu Zeit einfach abheben, bereiten Sie sich diesen Salat zu, denn Feldsalat erdet hervorragend, und die Nüsse schenken Ihnen einen klaren Verstand.

Zutaten

150 g Feldsalat • 50 g Walnüsse • 4 Champignons • 1 EL Walnussöl
Salz und Pfeffer

Zubereitung

1 Feldsalat gut waschen, putzen und trockenschleudern.   **2** Walnüsse grob hacken, die Champignons blättrig schneiden.   **3** Alles auf einem flachen Teller anrichten, leicht salzen und pfeffern und mit dem Walnussöl beträufeln.

Levitation ist ein Begriff aus der Parapsychologie. Er bedeutet, dass man (vermeintlich) frei von aller Schwerkraft wird, und Gegenstände beziehungsweise man selbst von einem Ort zum anderen »schweben« können.

Apfel-Walnuss-Salat

Liebe und Leidenschaft sind berauschende Gefühle. Wenn Sie dabei dennoch einen klaren Kopf behalten wollen, wählen Sie diesen Salat mit Walnüssen.

Zutaten

1 Stange Staudensellerie • 3–4 Äpfel • 50 g Walnusskerne
75 g Crème fraîche • 2 Eigelbe • 1 TL Zitronensaft • 1 TL Senf
Salz und Pfeffer • 3 EL Sahne

Zubereitung

1 Staudensellerie in dünne Scheiben schneiden, Äpfel schälen und ebenfalls in Scheiben schneiden.   **2** Die Walnusskerne grob hacken und alles zusammen in einer Salatschüssel mischen.   **3** Crème fraîche, Eigelbe, Zitronensaft, Senf, Salz und Pfeffer zu einer Salatsauce rühren, ein wenig Sahne steif schlagen und unter die Salatsauce ziehen. **4** Zum Schluss die Sauce über den Salat geben und sofort servieren.

Feldsalat mit Nüssen sollten Sie guten Freunden servieren, wenn diese mal wieder »über dem Boden schweben«. Feldsalat erdet.

Frittierte Petersilie mit Pinienkernen

Ein schneller Geldzauber, der leicht zu bewirken ist, denn sowohl Petersilie als auch Pinienkerne unterstützen Reichtum und Wohlstand. Das Rezept hat einen ganz kleinen Haken: Da diese Sauce ausgesprochen schnell fertig ist, müssen Sie Ihren Wunsch schon sehr heftig und intensiv in die Pfanne schicken, damit der Zauber auch zur Wirkung kommt!

Mit dieser Sauce und Kartoffeln bringen Sie ganz schnell ein Mahl auf den Tisch – und reich werden Sie auch noch.

Zutaten
3 EL Butter • 2 EL gehackte Petersilie • 1 EL Pinienkerne

Zubereitung
1 Die Butter in einer kleinen Pfanne zergehen lassen, bis sie aufschäumt, aber noch nicht bräunt. **2** Die Petersilie unterrühren und die Pinienkerne hinzugeben.

Variation
Eine Sauce, die in einer Minute fertig ist und hervorragend zu Salzkartoffeln schmeckt. Wenn eine Forelle bei den Kartoffeln liegt, stört es den Zauber auch nicht.

73

Lebkuchen

Weise und glücklich sollten Sie nach dem Genuss dieser Lebkuchen werden. Ihren Wunsch danach kneten Sie fest in den Teig ein, und jedes Mal, wenn Sie einen der Kuchen essen, werden Sie ein bisschen weiser und glücklicher sein.

Zutaten für ca. 25 Stück

5 Eier • 6 EL Honig • 200 g gemahlene Mandeln • 200 g gemahlene Haselnüsse • 100 g Zitronat • 100 g Orangeat • 1 TL gemahlener Zimt 1 Messerspitze Nelkenpulver • 70 mm große Oblaten • Schokoguss

Zubereitung

1 Eier und Honig schaumig rühren, Mandeln und Haselnüsse hinzugeben, Zitronat, Orangeat und Gewürze unterkneten. **2** Je 1 gehäuften Esslöffel Teig auf die Oblaten geben. **3** Bei 160 °C 30 Minuten backen. **4** Die fertigen Lebkuchen mit Schokoladenguss überziehen.

Lauchsuppe

Porree oder Lauch schützt vor dem bösen Blick, Curry erhöht die Energie. Der Currygeschmack wird intensiver, wenn das Currypulver in heiße Butter eingerührt wird.

Haben Sie Ärger am Arbeitsplatz, oder nervt Sie üble Nachrede? Dann kochen Sie sich ein Lauchsüppchen, und stellen Sie sich vor, wie Sie ein lauchgrüner Schutzmantel umgibt.

Zutaten

2 EL Butter • 1 TL Curry • 3 EL Mehl • 1/2 l Fleischbrühe 1 große Stange Porree • Salz • 125 g Sahne

Zubereitung

1 Butter in einem Topf schmelzen und das Currypulver darin verrühren. **2** Mit dem Mehl bestäuben und kurz anschwitzen lassen. **3** Den Topf von der Feuerstelle nehmen und die Brühe aufgießen. **4** Mit dem Schneebesen gut durchrühren und zum Kochen bringen. **5** Bei geringer Hitze 10 Minuten kochen lassen. **6** Den Porree putzen und in feine Ringe schneiden.   **7** Gegen Ende der Kochzeit in die Suppe geben und noch einmal 5 Minuten mitkochen lassen.   **8** Mit Salz abschmecken, die Sahne unterrühren.

Rumtopf

Geübt durch das Kochen und Haltbarmachen sind die weisen Frauen natürlich auf die Konservierungsmethode durch Alkohol aufmerksam geworden, und sie stürzten sich auf die Veredelung von Früchten. Zum Ansetzen eines Rumtopfes brauchen Sie einen verschließbaren Steinguttopf. Nach und nach geben Sie die gerade reifen Früchte dazu.
Der Rumtopf hat somit den Vorteil, dass die Früchte des ganzen Jahres in ihm enthalten sind. Das ist ein wunderbarer Anlass, lang anhaltende Magie in ihn hineinzuzaubern. Aber seien Sie bitte besonders vorsichtig mit der Dosierung. Nach diesem hochprozentigen Dessert sollten Sie nicht mehr Auto fahren und auch den Besen in der Ecke stehen lassen, sonst könnte leicht eine Bruchlandung folgen.

Rumtopf hat es in sich, sowohl magisch als auch alkoholisch. Eine Überdosis des Zaubertranks kann gefährlich werden! Rumfrüchte schmecken am besten zu Vanillepudding oder Eis.

Zutaten
750 g Erdbeeren • 350 g Zucker • 2 1/2 Flaschen Rum, 54 %
400 g Himbeeren • 180 g Zucker • 800 g entsteinte Sauerkirschen
350 g Zucker • 1 EL Kirschkerne • 300 g Pfirsiche • 130 g Zucker

Zubereitung
1 Erdbeeren halbieren und mit dem Zucker in den Topf geben. Mit so viel Rum auffüllen, dass die Früchte bedeckt sind. Den Topf verschließen.   **2** Wenn die Himbeeren reif sind, diese mit dem Zucker hinzufügen und wie mit den Erdbeeren verfahren.   **3** Kirschen entsteinen, von den Kirschkernen einen Esslöffel mit in den Topf geben und wie vorher verfahren.   **4** Immer wieder den Inhalt umrühren, damit sich der Zucker löst.   **5** Pfirsiche enthäuten (eventuell dazu in heißes Wasser tauchen) und achteln.   **6** Mit dem Zucker in den Topf geben und den restlichen Rum aufgießen.   **7** Noch einmal durchrühren und dann bis November zugedeckt ziehen lassen.

Glühwein

Nichts hilft besser gegen kalte Füße, kalte Seele und dunkle Wolken als ein gewürzter, heißer Rotwein. Rotwein ist Sonnenkraft, Orangen geben Schutz, Zimt und Nelken Wärme und Zucker Liebe. Auch nach einem langen Spaziergang durch die eisige Luft ist ein Glas Glühwein eine wunderbare Wärmequelle.

Zutaten

1 l Rotwein • 2 EL Zucker • 1 Stange Zimt • 4 Nelken
1 Orange zum Auspressen

Zubereitung

1 Rotwein mit Zucker, den Gewürzen und dem Orangensaft mischen.
2 Heiß werden lassen, aber nicht kochen.

Variation

Bei herannahendem Schnupfen sollten Sie die Hälfte des Rotweins durch Holundersaft ersetzen und das Gebräu im Bett trinken. Hin und wieder das Nachthemd wechseln, die Mischung ist ein wenig schweißtreibend.

Verwenden Sie nur guten Rotwein, denn der Wein ist es, der, zusammen mit dem Zucker, am nächsten Tag für die Kopfschmerzen verantwortlich ist.

Imbolc – Candlemas – Lichtmess

Das letzte Fest im Jahreskreis findet am 2. Februar statt. Es ist zwar noch mitten im Winter, aber an manchen Orten bemerkt man schon, dass seine Macht gebrochen ist. Die ersten Schneeglöckchen spitzen aus der Erde, der eine oder andere Krokus entfaltet sein buntes Seidenkleid. Den Winter mit lauten und fröhlichen Feiern auszutreiben ist eine Möglichkeit, dieses Fest zu begehen. Aus diesem Brauch hat sich unter anderem der Karneval entwickelt. Der etwas besinnlichere Hintergrund ist als Mariä Lichtmess erhalten geblieben, ein Kerzenfest, das der keltischen Göttin Brigit gewidmet war, die recht talentiert ist. Sie kennt sich nicht nur in der Heil- und Dichtkunst aus, sondern versteht es auch, Waffen zu schmieden und damit umzugehen.

In der Zeit zwischen Jul und Imbolc jedoch hat sich die dreifaltige Göttin erneuert und beginnt das Rad des Jahres als weiß gewandetes junges Mädchen.

Magische Bedeutung des Apfels

Äpfel sind wohl mit das magischste Obst überhaupt. Sie kommen direkt von Baum der Erkenntnis. Schneiden Sie einen Apfel quer, also am Äquator, durch, und betrachten Sie das Kerngehäuse. Es stellt einen fünfzackigen Stern dar, das Pentagramm, das Zeichen der Erde, das wichtigste Zeichen für den Schutz. Aber nicht nur das, Äpfel sind auch Sinnbild der Fruchtbarkeit und Liebe.

Äpfel kann man lagern, am besten kühl und trocken auf Holzregalen. Ein Keller, der nach Winteräpfeln riecht, hat etwas ungemein Anheimelndes. Gute, natürlich gewachsene Äpfel verschrumpeln zwar ein bisschen, aber ihr Aroma wird mit der Zeit nur intensiver. Ihr Geschmack ist ganz anders als der von »Kunstäpfeln« moderner Züchtungen, die nur nach Wasser schmecken und keinesfalls durch Lagerung gewinnen. Versuchen Sie deshalb, möglichst natürliche Äpfel zu bekommen.

Gaia, wie Mutter Erde bei den Griechen genannt wurde, hatte für Hera auf den Hesperiden goldene Äpfel wachsen lassen. Im christlichen Paradies wuchsen Apfelbäume und selbstverständlich in Avalon, dem keltischen Apfelland.

In manchen Kulturen ist es Brauch, dass ein Brautpaar für Fruchtbarkeit und Schutz bei der Hochzeit zwei Apfelhälften aneinander legt.

77

Rezepte

Backäpfel mit Vanillesauce

Sie wollen sicher sein, dass ein romantischer, kuscheliger Winterabend zu einem Erfolg wird? Bereiten Sie Backäpfel vor, und geben Sie Ihren Zauber mit in die Füllung. Wenn Sie einen Kachelofen haben, lassen Sie sie darin backen, dann wird der Abend noch ein bisschen gemütlicher und behaglicher.

Für Backäpfel sehr gut geeignet sind Berlepsch, Elstar oder Boskop, ungeeignet dagegen sind Granny Smith und Golden Delicious.

Zutaten

Pro Person einen festen, säuerlichen Apfel • 1 TL Rosinen
1 TL Mandelsplitter • 1 TL Zucker mit einer Messerspitze Zimt
vermischt • nach Geschmack 1–2 Tropfen Rum • 1/2 TL Butter
1 Vanilleschote • 1/4 l Milch • 50 g Zucker • 1 TL Kartoffelstärke
1 Eigelb

Zubereitung

1 Äpfeln vom Stiel aus das Gehäuse entfernen. In die entstehende Mulde Rosinen, Mandeln, Zimtzucker und eventuell Rum füllen. Zuoberst die Butter in Flöckchen geben. **2** Äpfel in eine feuerfeste Form stellen und 10 bis 15 Minuten bei 150 °C im Backofen backen, bis die Äpfel weich sind. **3** Vanilleschote mit der Milch und dem Zucker aufkochen. **4** Kartoffelstärke mit ein wenig kalter Milch verrühren und langsam unter die heiße Milch geben. **5** Verrühren und noch einmal aufkochen lassen. **6** Anschließend durch ein Sieb geben und mit dem Eigelb legieren. Lauwarm servieren.

Apfeltarte

Diese Tarte bezieht ihr feines Aroma aus Äpfeln. Man kann mit ihr ähnlichen Zauber wirken, wie er von den Backäpfeln ausgeht. Der Unterschied liegt in der Dauer der Zubereitung. Sie werden für die Vorbereitung mehr Zeit brauchen – darum mag Ihr Zauber auch länger wirken.

Zimt verfeinert nicht nur den Apfelpfann-kuchen, er unterstützt auch Erotik und Kreativität.

Zutaten

150 g Mehl • 1 Ei und 2 Eigelbe • 2 TL Zucker • 75 g Butter

3 mittelgroße säuerliche Äpfel • 2 EL Rosinen • Semmelbrösel

2 TL Zimtzucker

Zubereitung

1 Mehl, Ei, 1 Eigelb, Zucker und weiche Butter zu einem festen Mür-beteig verkneten. Gegebenenfalls etwas Wasser neu zugeben. **2** Zu ei-ner Kugel formen und gut 1 Stunde im Kühlen ruhen lassen. **3** Äpfel schälen und in dünne Scheiben schneiden. **4** Mit den Rosinen in 1/4 Liter Wasser kurz andünsten. **5** Eine Quicheform mit Butter ausstrei-chen und ein wenig Semmelbrösel auf dem Boden verteilen. **6** Die Form mit dem Teig auslegen und die Ränder hochziehen, einen kleinen Rest Teig zurückbehalten. **7** Den Boden bei 180 °C vorbacken, bis der Teig leicht zu bräunen beginnt. **8** Aus dem Ofen nehmen, die Apfel-Rosinen-Mischung darauf verteilen und Zimtzucker darüber streuen. **9** Aus den Teigresten schmale Streifen formen und als Gitter über die Tarte legen. **10** Die Streifen mit 1 Eigelb bestreichen und den Kuchen weitere 10 bis 15 Minuten im Ofen backen, bis das Gitter goldbraun ist.

Diese Apfeltarte bringt noch mehr kulinarischen Ge-nuss, wenn Sie sie mit warmer Vanille-sauce servieren.

Paprika-Apfel-Salat

Weniger romantische Liebe als lodernde Leidenschaft verspricht dieser Salat. Paprika steht für Feuer und Energie, Äpfel bedeuten unter anderem auch Sex. Viel Spaß!

Zutaten

1 säuerlicher Apfel • 1 rote und 1 gelbe Paprika
2 EL geschmacksneutrales Öl • 1 TL Zitronensaft
frisch gemahlener Pfeffer

Zubereitung

1 Apfel schälen und würfeln. **2** Paprika zerteilen, säubern und in Würfel schneiden. **3** Aus dem Öl, dem Zitronensaft und reichlich Pfeffer eine Marinade rühren und über die Apfel-Paprika-Mischung geben. **4** 1 Stunde im Kühlschrank ziehen lassen und kalt servieren.

Apfelpfannkuchen

Achten Sie beim Rühren des Pfannkuchenteigs darauf, dass sich keine Klumpen bilden. Der Teig muss gießfähig bleiben.

Fruchtbarkeit und Liebe werden hier gemischt, mit einer Prise Zimt kommt auch ein Hauch Erotik hinein. Und ansonsten gilt die bekannte Weisheit: Friede, Freude, Eierkuchen!

Zutaten

3 Eier • 1–2 EL Zucker • 1/4 l Milch • 1 Prise Salz • 125 g Mehl
2 säuerliche Äpfel • etwas Butter • Zimtzucker

Zubereitung

1 Die Eier mit Zucker, Milch und Salz verrühren und das Mehl hinzugeben, 30 Minuten ruhen lassen. **2** Äpfel schälen, entkernen und in dünne Ringe schneiden. **3** Butter in einer Pfanne erhitzen und so viel Teig hineingeben, dass der Boden bedeckt ist. **4** Apfelscheiben darauf legen, die Hitze reduzieren. **5** Ist die Unterseite goldbraun, den Pfannkuchen mit einem Teller wenden. **6** Mit Zimtzucker bestreuen.

Kartoffelpuffer mit Räucherfisch

Frieden, Mitleid und Liebe verspricht die Kombination von Kartoffeln und Fisch. Als Auftakt zu einem Familienessen verhindert es, mit dem entsprechenden Zauber versehen, aufkeimende Streitigkeiten.

Benutzen Sie eine Reibe, die einen Fingerschutz hat, sonst kann die Zubereitung von Kartoffelpuffern leicht ein Blutopfer fordern. Aufgeschrammte Fingerknöchel sind sehr unangenehm.

Zutaten

1 kg Kartoffeln • 2 Zwiebeln • 1 Tasse Haferflocken • 1 TL Salz Öl zum Braten • Räucherfisch nach Geschmack

Zubereitung

1 Die Kartoffeln und die Zwiebeln schälen, reiben und untermischen. **2** Das Kartoffelwasser abgießen und Haferflocken zu der Masse geben. Sie saugen die Flüssigkeit auf und sorgen dafür, dass die Puffer beim Braten knusprig werden. **3** Salzen Sie die Kartoffelmasse, und lassen Sie sie 1 Stunde stehen. **4** Reichlich Öl in einer Pfanne erhitzen und je Puffer einen Esslöffel der Masse hineingeben. **5** Glatt streichen und so lange braten lassen, bis sich die Ränder bräunen. **6** Wenden und noch einmal die gleiche Zeit braten. **7** Braten Sie gleichzeitig in mehreren Pfannen, oder stellen Sie die fertigen Puffer bei 100 °C warm.

Ein Frieden stiftendes Gericht sind Kartoffelpuffer mit Räucherfisch.

Variation

Edel schmeckt Räucherlachs oder geräucherte Forelle zu den Kartoffelpuffern. Mit einem kleinen Salat dazu wird ein Hauptgericht daraus, aber man kann es auch in kleinen Portionen als Vorspeise reichen.

Kartoffelpüree

Harmonie und Kalorien verspricht diese gehaltvolle Variation des Kartoffelpürees. Doch in der kalten Zeit braucht der Mensch auch manchmal etwas mehr von beidem.

Zutaten

500 g mehlig kochende Kartoffeln • 1/4 l Milch • 50 g fetter Speck
1 Zwiebel • Salz

Zubereitung

Zu diesem ungewöhnlich pikanten Kartoffelpüree passen Spiegeleier am besten. Erinnern Sie sich noch an die magischen Qualitäten des Eis?

1 Die geschälten und klein gewürfelten Kartoffeln in Salzwasser gar kochen. **2** Das Wasser abgießen, die Kartoffeln zerstampfen. **3** Die Milch aufkochen, über die Kartoffeln gießen und verrühren. **4** Speck und Zwiebel würfeln. **5** Die Speckwürfel auslassen, bis sie anfangen zu bräunen, dann die Zwiebeln hinzufügen und glasig werden lassen. **6** Die »Stippe« unter den Kartoffelbrei ziehen, bei Bedarf nachsalzen.

Kartoffelgratin mit Möhren

Es passt nicht nur zu Fleisch, sondern kann, je nach Menge des Käses und des zugegebenen Gemüses, auch eine eigenständige Mahlzeit sein. In der kalten Jahreszeit sind Möhren eine vitaminhaltige und Erotik fördernde Beigabe. Wenn es wieder frische Gemüse gibt, können Sie dieses Gratin mit anderen Sorten, etwa Zucchini oder Kohlrabi, ergänzen.

Zutaten

4–6 Kartoffeln • 3 Möhren • Butter • 2–3 EL geriebener Käse nach Geschmack • Salz und Pfeffer • 1 Prise Muskat • Sahne

Zubereitung

1 Kartoffeln schälen und in sehr dünne Scheiben schneiden. **2** Möhren putzen und ebenfalls in dünne Scheiben schneiden. **3** Eine Gratinform buttern, die Kartoffel- und Möhrenscheiben darin dachziegelartig von der Mitte aus hineinlegen. **4** Salzen, Pfeffer darüber mahlen und Muskat darüber reiben. **5** Mit so viel Sahne auffüllen, dass die oberste Kartoffelschicht erreicht, aber nicht bedeckt wird, und mit dem geriebenen Käse bestreuen. **6** Im vorgeheizten Backofen bei 180 °C 45 bis 60 Minuten backen.

Variation

Schneller ist das Gratin fertig, wenn Sie statt der rohen Kartoffeln vorgegarte Pellkartoffeln nehmen.

Achten Sie darauf, dass die Käseschicht nicht zu dunkel wird, eventuell das Gratin mit einem großen Deckel oder mit einem Stück Alufolie abdecken.

Backobst-Wein-Sauce

Zu guter Letzt noch ein wahres Glücksrezept. Pflaumen, Äpfel, Birnen, Aprikosen, Zimt, Nelken und Wein sind alle Glück verheißende Lebensmittel. Trockenobst ist eine passende Zutat in der Zeit, in der sich noch keine frischen Triebe in die kalte Winterluft hinaus wagen.

Zutaten

250 g Backobst • 1 Stange Zimt • 8 Nelken • 1 TL Zitronensaft
200 ml Wasser • 200 ml Weißwein

Zubereitung

1 Das Backobst mit Zimt, Nelken und Zitronensaft in Wasser und Wein aufkochen. **2** Bei niedriger Temperatur 5 bis 10 Minuten lang gar ziehen lassen. **3** Die Gewürze herausnehmen und die Mischung nach Geschmack warm oder kalt servieren.

Variation

Mit dieser Sauce haben Sie viele Möglichkeiten. Sie kann Mehlspeisen begleiten, geben Sie sie beispielsweise warm zu Puddings oder Crêpes. Gut passt sie auch zu Hefeklößen – oder Sie essen sie abgekühlt einfach pur als Kompott.

Magischer Verzehr

Das Essen ist fertig, aus der Küche duftet es, der Zauber ist gewirkt, und nun soll seine Energie durch Verzehren aufgenommen werden. Bedenken Sie, dass auch dieser Abschluss des magischen Aktes mit den passenden Ingredienzen unterstützt werden kann.

Farbe und Dekoration

Farben spielen eine wichtige Rolle in der Magie. Tischtücher, Platzdeckchen, Servietten, Blumenschmuck, Kerzen und andere Dekorationen können Sie verwenden, um die gewünschte Wirkung zu erzielen.

Man braucht nicht viele Hilfsmittel und kein teures Geschirr, um eine ansprechende Tischgestaltung zu erzielen.

Farben im Jahreskreis

Besonders wirksam ist die Magie zu den Feiertagen des Jahreskreises. Die Küchenhexe wird den passenden Tischschmuck wählen. Zur Frühlingsäquinox und dem Element Luft gehört die Farbe Gelb. Gelbe Narzissen, Primeln, Zweige von gelb blühenden Haselkätzchen, gelbe Servietten, eiförmige gelbe Kerzen und ein paar rot gefärbte Eier in frischem Moos passen gut zu diesem Fest. Falls Sie es als Osterfest deklarieren, werden auch Nichthexen keine Verwunderung zeigen.

Der 1. Mai, Beltane, verlangt nach lichtem Grün für das aufstrebende Wachstum. Junge Zweige mit eben aufbrechenden Knospen, ein paar bunte Bänder, die grüne Servietten zusammenhalten, grüne Kerzen und weißes Geschirr können Maistimmung zaubern. Verzichten Sie auf Maiglöckchensträuße auf dem Tisch, ihr Duft ist zu intensiv.

Sommersonnenwende verlangt Rot. Legen Sie an jedes Gedeck eine rote Heckenrose und etwas Farn. Rote oder rosa Platzdeckchen, rote Kerzen und roter Wein oder Saft in Karaffen und Gläsern geben Ihrer Tafel das feurige Ambiente dieses Festes. Die Zeit der ersten Ernte um den 1. August steht unter der Farbe Gold. Golden wie ein Ährenbündel, goldene

Bienenwachskerzen und aus naturfarbenem Bast gewebte Platzdeckchen. Ein Strauß aus Klatschmohn, Kornblumen und Margeriten setzt leuchtende Farbtupfer.

Herbst, die Zeit des Wassers, wird durch die Farbe Blau symbolisiert. Binden Sie einen Strauß aus blauen Herbstastern, legen Sie blaue Trauben oder Pflaumen in Schalen, oder stellen Sie blaugraue Tonkrüge mit herbstlichen Blumen auf den Tisch. Doch Herbstäquinox ist auch das Fest des Erntedankes, und so können auch alle anderen Früchte als Dekoration verwendet werden.

Samhain ist durch buntes Laub belebt, durch Trockenblumen und Kürbismasken, die zu Windlichtern ausgehöhlt sind. Vergessen Sie nicht, einen liebevoll gedeckten Platz für die Ahnengeister vorzusehen.

Wintersonnenwende verlangt dunkles Grün für das Element Erde. Stechpalmen und Tannenzweige sind seit eh und je Schmuck zu diesem Fest. Verzichten Sie auf Plastiktand und elektrische Kerzen. Die roten Beeren des Ilex, die weißen der Misteln sind Farbe genug, rote und goldene Bänder halten die Gestecke zusammen. Viele rote oder weiße Kerzen gestalten die dunkle Nacht stimmungsvoll.

Lichtmess, Imbolc, ist das Fest der weißen Göttin. Vielleicht haben Sie Schneeglöckchen oder weiße Krokusse gezogen. Weiße Kerzen für ein »Candlelight-Dinner« sind geradezu ein Muss für diesen Tag.

Verzichten Sie bei der Tischdekoration auf stark riechende Blumen oder gar Duftkerzen, sie übertönen den köstlichen Geruch des Essens. Stimmungsvoll ist leise Hintergrundmusik, es gibt CDs mit sanften meditativen Klängen, die auf die Jahreszeiten abgestimmt sind.

Farbe	unterstützt	verhindert
Blau	Kühle, Treue, Entspannung	Aggression, Leidenschaft
Grün	Wachstum, Reichtum	Stagnation, Rückschritt, Geiz
Gelb	Heiterkeit, Konzentration	Trübsinn, Lernschwierigkeiten
Orange	Geselligkeit, Kommunikation	Einsamkeit, Kälte, Mutlosigkeit
Rot	Dynamik, Leidenschaft, Liebe	Antriebslosigkeit, Müdigkeit
Rosa	Romantik, Sensibilität	Lieblosigkeit und Erstarrung
Violett	Spiritualität, Meditation	Engstirnigkeit, Fanatismus
Weiß	Reinheit, Schlichtheit, Eleganz	Übertreibung, Wichtigtuerei
Schwarz	Würde und Verführung	Konzentration und Bannung

Magische Analogien in Nahrungsmitteln

Sie haben nun sehr viel über den magischen Prozess und die Hilfsmittel einer Küchenhexe gehört. Welches Kraut, welches Gemüse, welches Obst unterstützt nun den Wunsch in ihrem Herzen, mit dem die Küchenhexe in ihr Reich tritt?

Haben Sie schon das ein oder andere Rezept ausprobiert? Wenn ja, haben Sie Ihre Wünsche mit in die Zutaten gegeben? Vielleicht ist der ein oder andere Wunsch ja bereits in Erfüllung gegangen.

Unser Wissen um die magischen Zusammenhänge ist leider nicht mehr so präsent, wie es das unseren kochenden Ahninnen gewesen ist. Darum finden Sie hier die magischen Entsprechungen der Lebensmittel in Form eines kleinen Nachschlagewerks zur Orientierung. Im ersten Teil auf den Seiten 87 bis 91 finden Sie es nach Lebensmitteln sortiert, im zweiten Teil von Seite 91 bis 93 nach den wichtigsten Wünschen und den Kräften, die diese Lebensmittel fördern.

Aber bitte nehmen Sie es nicht allzu buchstäblich genau damit. Magie ist eine sehr persönliche Angelegenheit, und wenn es Ihnen nun einmal – aus welchen Gründen auch immer – nicht gelingen will, mit Blumenkohl mediale Fähigkeiten zu assoziieren, weil Sie bei dem Kohlgeruch immer an ein düsteres Treppenhaus denken müssen, dann setzen Sie ihn eben nicht für diese Zwecke ein.

Sie können, ja Sie sollten sogar ein wenig auf die Suche nach den magischen Kräften der Nahrungsmittel gehen. Hilfestellungen bieten Ihnen alte Kräuterbücher, Geschichten und Märchen, in denen magische Früchte eine Rolle spielen und altes Brauchtum. Schneewittchens Apfel, der süße Brei und die Hollerfrau können Ihnen einiges verraten. Lassen Sie sich ruhig von Ihrer Intuition leiten.

Magie ist im höchsten Maße Kreativität – im Kochen genauso wie im Zaubern.

Ich wünsche Ihnen viel Spaß bei beidem und einen guten Appetit.
Der Segen der Göttin möge auf Ihren Töpfen ruhen.

Nahrungsmittel

Obst und Nüsse

Äpfel	Liebe	Gesundheit	Frieden
Aprikosen	Liebe	Frieden	
Birnen	Geld	langes Leben	Liebe
Blaubeeren	Wohlstand	Liebe	Schutz
Brombeeren	Geld	Leidenschaft	
Cashewnüsse	Geld	Energie	
Erdbeeren	Liebe	Wohlstand	
Haselnüsse	mediale Fähigkeit	Weisheit	Freude
Himbeeren	Glück	Schutz	Liebe
Holunderbeeren	Schutz	Liebe	Frieden
Johannisbeeren	Energie	Liebe	
Kirschen	Liebe	Frieden	Glück
Korinthen	Wohlstand	Geschäfte	Liebe
Mandeln	Liebe	Gesundheit	Freude
Orangen	Liebe	Reinigung	
Pfirsiche	Liebe	Glück	Weisheit
Pflaumen	Schutz	Erotik	Glück
Pinienkerne	Geld	Energie	
Preiselbeeren	Schutz	Energie	
Rhabarber	Schutz	Liebe	Frieden
Sesam	Gesundheit	Erfolg	Freude
Walnüsse	klarer Verstand	Erfolg	
Weintrauben	Fruchtbarkeit	Frieden	Träume
Zitronen	klarer Verstand	Glück	Reinigung

Gemüse, Wurzeln, Pilze

Artischocken	Schutz	Energie	Leidenschaft
Bohnen	Erotik	Geschäfte	

Je frischer und je natürlicher Obst und Nüsse gewachsen sind, desto wirksamer ist ihre magische Kraft. Denken Sie schon beim Sammeln und Ernten an Ihr Wunschthema.

Selbst angebautes Gemüse hat nicht nur den Vorteil, dass Sie wissen, womit es gedüngt und gespritzt worden ist, sondern trägt auch die Liebe in sich, mit der es gehegt und gepflegt wurde.

Blumenkohl	Schutz	mediale Fähigkeit	Harmonie
Brunnenkresse	Schutz	Fruchtbarkeit	Energie
Brokkoli	Schutz	mediale Fähigkeit	Harmonie
Champignons	Frieden	mediale Fähigkeit	
Endivien	klarer Verstand	Geschäfte	Freude
Erbsen	Liebe	Frieden	Glück
Fenchel	klarer Verstand	Gesundheit	Weisheit
Gurken	Frieden	Gesundheit	Fruchtbarkeit
Kartoffeln	Frieden	Mitleid	Liebe
Kohlrabi	Gesundheit	Harmonie	
Kohl	Schutz	Geld	Harmonie
Kürbis	Geld	Gesundheit	Freude
Porree	Schutz	Stärke	
Linsen	Frieden	Mitleid	
Löwenzahn	Erfolg	mediale Fähigkeit	Wohlstand
Möhren	Leidenschaft	Geld	Energie
Oliven	Erfolg	Gesundheit	Leidenschaft
Paprika	Energie	Gesundheit	Freude
Peperoni	Schutz	Energie	
Pfifferlinge	mediale Fähigkeit	Energie	
Reis	Gesundheit	Freude	Erfolg
Rettich	Energie	Leidenschaft	
Rosenkohl	Schutz	Gesundheit	Harmonie
Rote Bete	Wohlstand	Geschäfte	
Salat	Frieden	Geld	Enthalt-samkeit
Sellerie	Leidenschaft	Frieden	mediale Fähigkeit
Spargel	Sex	Wohlstand	Erfolg
Spinat	Geld	Erfolg	
Steinpilze	mediale Fähigkeit	Frieden	
Tomaten	Geld	Leidenschaft	Gesundheit

| Zucchini | Frieden | Gesundheit | mediale Fähigkeit |
| **Zwiebeln** | Schutz | Energie | |

Kräuter und Gewürze

Anis	Liebe	mediale Fähigkeit	Geld
Basilikum	Energie	Schutz	
Bohnenkraut	klarer Verstand	mediale Fähigkeit	Weisheit
Borretsch	Wohlstand	Erfolg	
Dill	Geld	Bewusstsein	Liebe
Estragon	Gesundheit	Energie	Schutz
Kardamom	Liebe	Frieden	Glück
Kerbel	klarer Verstand	Weisheit	
Knoblauch	Schutz	Gesundheit	
Koriander	Liebe	Kreativität	klarer Verstand
Kümmel	klarer Verstand	Geld	Disziplin
Lavendel	Reinigung	klarer Verstand	Weisheit
Liebstöckel	Erfolg	Gesundheit	Freude
Lorbeer	Erfolg	Reinigung	mediale Fähigkeit
Majoran	klarer Verstand	Geschäfte	
Meerrettich	Schutz	Reinigung	Energie
Melisse	Liebe	Harmonie	Mitleid
Muskat	mediale Fähigkeit	Erfolg	Geschäfte
Nelken	Liebe	Wohlstand	Frieden
Oregano	Frieden	klarer Verstand	
Petersilie	Leidenschaft	Geld	klarer Verstand
Pimpernelle	Energie	Schutz	
Pfeffer	Schutz	Reinigung	
Pfefferminze	Gesundheit	Erotik	Reinigung
Rosmarin	klarer Verstand	Gesundheit	Treue
Sauerampfer	Wohlstand	Erfolg	

Kräuterkundige Frauen waren früher oft als Hexen verrufen, denn sie kannten nicht nur die »Küchenwirkung«, sondern auch ihre Heil- und magische Wirkung. Natürlich auch die giftigen und schädlichen Kräuter.

Die Wirkung von Ölen und Essig können Sie selbst durch die Beigabe von Kräutern und Gewürzen weiter variieren.

Senf	Energie	Schutz	
Safran	Erfolg	Gesundheit	Frieden
Salbei	Gesundheit	Erfolg	Wohlstand
Salz	Reinigung	Disziplin	
Schnittlauch	Schutz	Energie	
Thymian	Energie	mediale Fähigkeit	Reinigung
Vanille	Liebe	Frieden	Glück
Wacholderbeeren	Schutz	Leidenschaft	Energie
Waldmeister	Liebe	Frieden	Glück
Zimt	Erotik	Heilung	Kreativität
Zucker	Liebe	Erfolg	Frieden

Eier, Milch und Käse

Butter	mediale Fähigkeit	Frieden	Fruchtbarkeit
Eier	Fruchtbarkeit	Kreativität	
Eiscreme	Frieden	Liebe	Glück
Honig	Liebe	Gesundheit	Wohlstand
Käse	Disziplin		
Milch	Liebe	Frieden	
Schokolade	Leidenschaft	Glück	
Joghurt	mediale Fähigkeit	Frieden	Gesundheit

Öle und Essenzen

Apfelessig	Disziplin	Liebe
Balsamessig	Disziplin	Erfolg
Erdnussöl	Energie	Wohlstand
Haselnussöl	Energie	Weisheit
Himbeeressig	Disziplin	Glück
Olivenöl	Energie	Gesundheit
Sesamöl	Energie	Gesundheit
Sonnenblumenöl	Energie	
Walnussöl	Energie	Weisheit

Getränke

Bier	Frieden	Frieden	
Kaffee	Schutz	Energie	
Rotwein	Gesundheit	Frieden	Freude
Säfte	Harmonie	Harmonie	
Weißwein	Harmonie		

Wunschthemen

Glück und Freude

Eiscreme	Himbeeressig	Mandeln	Schokolade
Endivien	Kardamom	Paprika	Sesam
Erbsen	Kürbis	Reis	Vanille
Haselnüsse	Liebstöckel	Rotwein	Waldmeister

Disziplin, Schutz und Reinigung

Apfelessig	Himbeeressig	Peperoni	Thymian
Artischocken	Käse	Pfeffer	Wacholder-
Balsamessig	Knoblauch	Pfefferminze	beeren
Blumenkohl	Kohl	Porree	Zwiebeln
Brokkoli	Kümmel	Rosenkohl	
Brunnenkresse	Lavendel	Salz	
Estragon	Meerrettich	Schnittlauch	

Energie

Artischocken	Estragon	Möhren	Pimpernelle
Basilikum	Haselnussöl	Olivenöl	Pinienkerne
Brunnenkresse	Kaffee	Paprika	Preisel-
Cashewnüsse	Lauch	Peperoni	beeren
Erdnussöl	Meerrettich	Pfifferlinge	Rettich

Ein kleines Hilfsmittel, um die magischen Eigenschaften selbst zu bestimmen: Was süß schmeckt, macht glücklich, was zusammenzieht, begrenzt, was scharf ist, gibt Kraft.

Auch das Aussehen des Nahrungsmittels gibt Hinweise auf die magische Wirkung: Lorbeerkränze trägt der Sieger, herzförmige rote Kirschen, Erdbeeren und Tomaten stehen für die Liebe.

Schnittlauch	Sonnen-	Traubenkernöl	Walnussöl
Senf	blumenöl	Wacholder-	Zwiebeln
Sesamöl	Thymian	beeren	

Erfolg

Balsamessig	Muskat	Salbei	Walnuss
Borretsch	Oliven	Sauerampfer	Zucker
Liebstöckel	Reis	Sesam	
Lorbeer	Rotwein	Spargel	
Löwenzahn	Safran	Spinat	

Liebe, Erotik, Leidenschaft

Anis	Erbsen	Milch	Schokolade
Apfelessig	Honig	Möhren	Sellerie
Äpfel	Kardamom	Nelken	Spargel
Aprikosen	Kartoffeln	Oliven	Tomaten
Artischocken	Kirschen	Orangen	Vanille
Bohnen	Korinthen	Petersilie	Wacholder
Dill	Koriander	Pfefferminze	Waldmeister
Eiscreme	Mandeln	Pfirsiche	Zimt
Erdbeeren	Melisse	Rettich	Zucker

Harmonie, Frieden und Mitleid

Aprikosen	Gurken	Milch	Sellerie
Bier	Holunderbeeren	Nelken	Steinpilze
Blumenkohl	Joghurt	Oregano	Trauben-
Brokkoli	Kardamom	Rhabarber	kernöl
Butter	Kartoffeln	Rosenkohl	Waldmeister
Champignons	Kohl	Safran	Weintrauben
Eiscreme	Kohlrabi	Säfte	Weißwein
Erbsen	Linsen	Salat	Zucchini
Fische	Melisse	Schalentiere	Zucker

Geld, Geschäfte und Wohlstand

Anis	Erdnussöl	Möhren	Sauer-
Birnen	Honig	Muskat	ampfer
Bohnen	Kohl	Nelken	Spargel
Borretsch	Korinthen	Petersilie	Spinat
Brombeeren	Kümmel	Pinienkerne	Tomaten
Cashewnüsse	Kürbis	Rote Bete	
Dill	Löwenzahn	Salat	
Endivien	Majoran	Salbei	

Gesundheit

Äpfel	Kohlrabi	Paprika	Safran
Estragon	Kürbis	Pfefferminze	Salbei
Fenchel	Liebstöckel	Reis	Sesam
Gurken	Mandeln	Rosenkohl	Sesamöl
Honig	Oliven	Rosmarin	Tomaten
Joghurt	Olivenöl	Rotwein	Zucchini
Knoblauch			

Klarer Verstand und Weisheit

Bohnenkraut	Haselnussöl	Majoran	Walnussöl
Dill	Kerbel	Oregano	Zitrone
Endivien	Koriander	Petersilie	
Fenchel	Kümmel	Rosmarin	
Haselnüsse	Lavendel	Walnüsse	

Mediale Fähigkeit

Anis	Champignons	Löwenzahn	Steinpilze
Blumenkohl	Fische	Muskat	Thymian
Bohnenkraut	Haselnüsse	Pfifferlinge	Zucchini
Brokkoli	Joghurt	Schalentiere	
Butter	Lorbeer	Sellerie	

Versuchen Sie aus Märchen und Mythen, altem Brauchtum und Sitten auch herauszufinden, für welche Eigenschaften Obst, Gemüse, Kräuter, Fleisch und Fische stehen. Dahinter verbergen sich auch magische Kräfte.

Impressum

Der W. Ludwig Buchverlag ist ein Unternehmen der Verlagshaus Goethestraße GmbH & Co. KG.

© 1999 Verlagshaus Goethestraße GmbH & Co. KG., München

Redaktion:
Margit Brand

Projektleitung:
Berit Hoffmann

Redaktionsleitung:
Dr. Reinhard Pietsch

Bildredaktion:
Ute Schoenenburg

Umschlag:
Till Eiden

DTP/Satz:
Der Buchmacher,
Arthur Lenner, München

Produktion:
Manfred Metzger (Leitung),
A. Aatz,
Dr. E. Weigele-Ismael

Druck:
Weber Offset, München

Bindung:
R. Oldenbourg, München

Gedruckt auf chlor- und säurearmem Papier

Printed in Germany

ISBN 3-7787-3801-1

Über die Autorin

Ansha beschäftigt sich seit vielen Jahren mit Magie und artverwandten Gebieten. Sie versucht vor allem eine Synthese zwischen alten magischen Praktiken und den derzeitigen wissenschaftlichen Erkenntnissen herzustellen – Beziehungen, die insbesondere zur Psychologie und zu modernen ganzheitlichen Heilmethoden bestehen.

Literatur

Cunningham, Scott: Magie in der Küche, Smaragd, Neuwied 1993
Föger, Helga: Der große Mondkalender, Ludwig, München 1998
Glunk, Fritz: Das große Lexikon der Symbole, Gondrom, Bindlach 1997
Green, Marian: Das geheime Wissen der Hexen, Knaur, München 1996
Starhawk: Der Hexenkult, Bauer, Freiburg 1983
Mebler, Norbert: Pilze, Beeren, Kräuter, Heilpflanzen, Fink-Kümmerling+Frey, Stuttgart 1980
Paungger, Johanna/Poppe, Thomas: Vom richtigen Zeitpunkt, Irisana, München 1996
Müller-Ebeling, Claudia; Rätsch, Christian; Storl, Wolf D.: Hexenmedizin, AT-Verlag, Aarau 1998
Hag & Hexe, Magazin für Schamanismus, Magie und Naturreligion, Postfach 1101, 63641 Büdingen

Anmerkung der Redaktion

Diesem Buch liegt die im Juli 1996 in Wien beschlossene und seit 1.8.1998 verbindliche Neuregelung der deutschen Rechtschreibung zu Grunde.

Hinweis

Bildnachweis

Alle Bilder stammen von Peter Rees (Köln), außer: Das Fotoarchiv, Essen: 35 (Eisermann/Babovic); Südwest Verlag, München: Titel/Einklinker (Siegfried Sperl), Freisteller (SW–Archiv); Tony Stone, München: 13 (Laurie Campbell), 15 (Paul Harris), 19 (David Woodfall), Illustrationen: Roger Kausch

Register

Rezepteregister